Klaus-Dieter Müller

Die große alte SPD darf nicht untergehen

Cover: Klaus-Dieter Müller unter Verwendung eines Bildes
        von Ivana Tomaskova mit Lizenz von Pixabay.

ISBN: 978-3-8192-7894-5

Verlag: BoD · Books on Demand GmbH, Überseering 33,

22297 Hamburg, bod@bod.de

Druck: Libri Plureos GmbH, Friedensallee 273,

22763 Hamburg

Inhalt

Vorwort

Zur Bundestagswahl 2025 erhielt die SPD insgesamt 16,41 % der Zweitstimmen, also der Stimmen für die Partei. Davon entfielen auf die Altersgruppe der 18–24-Jährigen 12 %. Die SPD hat darüber hinaus keine 10 % Mitglieder unter 35 Lebensjahren mehr.

Das Parteimanagement ist desaströs: Der Parteivorstand hat den gescheiterten Bundeskanzler Olaf Scholz nicht davon ab- bringen können, nochmals zu kandidieren, obwohl klar war, dass die SPD mit ihm als Spitzenkandidaten untergehen würde. Es braucht also ein neues Management, jedenfalls an der Spitze. Wer eine Partei an den Rand des Ruins bringt, muss ausgewechselt werden. Ich gehe davon aus, dass Lars damit rechnet, der Parteitag im Juni werde ihn nicht wieder zum Parteivorsitzenden wählen und hat sich deshalb erst zum Fraktionsvorsitzenden wählen lassen, um jetzt als Bundesfinanzminister eine neue Chance zu bekommen. Saskia Esken hat selbst die Konsequenzen gezogen. Der nominierte Generalsekretär entspricht der von mir vorgeschlagenen Zusammensetzung.

„Die Demokratie braucht Charisma", hatte uns schon Max Weber ins Stammbuch geschrieben. In seiner Herrschaftssoziologie ist das Charisma eine von drei idealtypischen Legitimitätsquellen, durch die eine Herrschaftsordnung von den Beherrschten als rechtmäßig anerkannt wird. Nach Steven Turner kann ein/e charismatische/r Anführer/in deswegen Anhänger/innen an sich binden, weil er/sie zum Beispiel durch unkonventionelles Auftreten neue Handlungsmöglichkeiten demonstriert und so einen Wahrnehmungswechsel des Handelns bei den Anhänger/innen herbeiführt, das zuvor als risikoreich bewertet wurde. Nur eine solche Persönlichkeit kann grundlegende Veränderungen, zum Beispiel den Wechsel zu einer nachhaltigen Wirtschaft, glaubhaft verkörpern. Hoffen wir auf den Parteitag.

Ich kann mir nicht vorstellen, dass die Ignoranz diese Partei beherrscht.

Ich möchte in diesem Buch zunächst versuchen, einige grundlegende politische Forderungen zu beschreiben, für die die SPD nachhaltig wahrgenommen werden muss, um sodann aufzuzeigen, was die SPD in den kommenden Jahren leisten muss, um der politischen Bedeutungslosigkeit zu entgehen.

Klaus-Dieter Müller, im Mai 2025
Mail: medienmueller@gmx.de
Mobil: 01714317765

Einleitung

Die beiden zentralen Säulen des Selbstverständnisses der sozialdemokratischen und sozialistischen Parteien in Europa sind ihr Verhältnis zur Erwerbsarbeit und zum Wohlfahrtsstaat. Parteibezeichnungen wie „Labour Party" oder „Partij van de Arbeid" zeugen noch heute von diesen Wurzeln, die einst in einer gesellschaftlichen Klasse gründeten. Aber die Arbeit ändert auf ganz wesentliche Weise ihre „Struktur", und auch die Klasse ist nicht mehr ohne weiteres sichtbar, sie wählt jedenfalls nicht notwendigerweise sozialdemokratisch. Die sozialdemokratische Antwort auf den Kapitalismus in Europa war der Wohlfahrtsstaat, der seit einigen Jahren unter einem erheblichen Rechtsfertigungsdruck steht. Ist er in eine Sackgasse geraten? Oder stehen wir gar vor der Wendeschleife des sozialdemokratischen Weges?

Der kontinentaleuropäische Typus des sozial integrierten Kapitalismus wurde nach dem Zweiten Weltkrieg von Sozialdemokraten, aber auch von Christdemokraten, entwickelt und versteht sich als Gegenentwurf zum amerikanischen Modell des Kapitalismus des Individuums, des kurzfristigen Gewinnstrebens und der fehlenden sozialen Absicherung. Insoweit bricht Friedrich Merz mit christdemokratischer Tradition des sozial integrierten Kapitalismus. Die „Agenda 2010", die Gerhard Schröder favorisierte, scheiterte, weil bildgestützte performative Kommunikation nur durch symbolisches Handeln à la Schröder für die Sozialdemokratie keine angemessene Strategie ist, um für Einschnitte ins soziale Netz eine breite Unterstützung zu finden. Der Politikwissenschaftler Thomas Meyer formuliert es so:

> *„Der Diskurs über die Gründe und Ziele einer Kürzung von Sozialleistungen, wie sie in der ‚Agenda 2010' skizziert wurde, fehlte nicht wegen organisatorischer Probleme die Unterstützung, sondern weil politische Schlüsselakteure, wie Gerhard Schröder,*

der Ansicht waren, ein breiter integrativer und motivierender öffentlicher Diskurs sei für eine regierende sozialdemokratische Partei kein notwendiger Teil einer erfolgreichen politischen Strategie, auch nicht in einer Situation, in der sich die strategischen Parameter grundlegend verändern. Offenbar war Schröder der Meinung, dass sich eine Politik der Kürzung sozialer Leistungen durch ihre konkreten Erfolge zu rechtfertigen habe und deshalb nicht durch triftige Gründe, moralische Appelle an Grundwerte und Visionen untermauert werden müsse." [1]

Die SPD verfügt über erhebliche Traditionsreserven, um Krisen zu überstehen, allerdings nimmt der Verschleiß des über Jahrzehnte kumulierten Identitätskapitals zu. Der Prozess der Verständigung innerhalb der SPD leidet, weil die Wirklichkeit als solche nicht mehr einfach zu beschreiben ist. Die weltanschaulichen Interpretationen haben sich eingeebnet, die politischen Perspektiven sind nivelliert. Zwar leben wir nach wie vor im Kapitalismus, aber seine Qualität ist undeutlich. Vieles spricht dafür, dass mit den Begriffen der Informations- und Wissensgesellschaft ein neues Verständnis für die Grundlagen wirtschaftlicher und politischer Prozesse gewonnen werden könnte. Für die Sozialdemokratie veränderten sich die Rahmenbedingungen ihrer Politik radikal. Die SPD verlor den Ort für ihre politischen Steuerungsbemühungen, das Spielfeld hat auf einmal keine Seitenlinien und keine Eckfahnen mehr, und das Publikum verlässt das Stadion. Die Entgrenzung von Politik und die Heterogenität der Wähler/innen berühren den Traditionshaushalt der SPD. Es ist die Diskrepanz, um die es geht: Tradition, Vergangenheit, Gründungsmythos, Werte, Ziele – dem stehen gegenüber Zukunft, Veränderung, Modernisierung. Die SPD leidet. Sie leidet in ihrer Seele, sie tut sich sehr schwer damit, das Streben nach Kontinuität und stabiler Identität aufzugeben, sie will Vermitt-

---

1   Thomas Meyer (2007): Nachzügler Deutschland – der fehlende Diskurs über die Neuausrichtung des Sozialstaats, in: Becker u. a. 2007, a.a.O., S. 53–64

lungsagentur des Wandels sein und ändert sich selbst nur schwer.

Die SPD zu Beginn des 21. Jahrhunderts ist nicht mehr das, was sie gut 130 Jahre lang war. In einer gewissen Weise hat sich die SPD von sich selbst verabschiedet. Sie ist Opfer der soziologischen Transformation des Parteiensystems.

Wo aber sind Sinn, Werte, Überzeugungen in einer globalisierten Welt zu finden? Hat die Sozialdemokratie noch eine Zukunft, die sich irgendwie inhaltlich bestimmen lässt, also nicht nur Etikette einer völlig gewandelten Organisation ist? Genau darum soll es in diesem Buch gehen.

Das Ende der Volksparteien?

Fast alle deutschen demokratischen Parteien suchen ihren Platz heute in der sogenannten politischen Mitte. Darin habe auch ich zu lange kein Problem gesehen, es viele Jahrzehnte sogar für richtig und verantwortungsbewusst gehalten. Geprägt vom Glauben an die Soziale Marktwirtschaft und den Wohlfahrtsstaat, den diese Wirtschaftsordnung für mich ausmacht, schien mir lange Zeit der Kompromiss das lohnende Ziel. Zunehmend aber wird deutlich, dass die Parteien bis zur Austauschbarkeit an Profil verloren haben und Politik zum Flickwerk verkommt.

Die Politikwissenschaftler Bernd Guggenberger und Klaus Hansen fragten schon 1993:

> *„Ist politische Mitte nur ein Reflex von Establishment? Die denk-*
> *müde, reflexionsarme Ausrede in einer Situation allgemeiner*
> *Erschöpfung all jener Kräfte und Energien, die Politik aus dem*
> *Geiste des Utopischen entwarfen und sich vom Prinzip Hoffnung*
> *leiten ließen? Ist Mitte nur die jüngste Maske der Ratlosigkeit*
> *einer übergeschäftigten Welt, der vorläufig letzte jener Rückzü-*
> *ge, die sich so beharrlich als Offensive tarnen? Ist sie nur eine*
> *Chiffre für allzu geschmeidige Anpassung, für die Saturiertheit*
> *des Status quo, für die Hartnäckigkeit der Unbeirrbaren und Ver-*
> *blüffungsfesten?"* [2]

Der Politologe Kurt Lenk nennt eine plausible Erklärung:

> *„Gerade die Leerformelhaftigkeit der Berufung auf eine imagi-*
> *näre Mitte verbürgt deren ideologisch-politische Funktion. Ist*
> *doch heutzutage fast ein jeder von einer gewissen ‚Randangst'*
> *getrieben, sich in einer Mitte zu verorten, die Solidität und Nor-*
> *malität symbolisiert. Die in der bundesrepublikanischen Politik*

---

2   Bernd Huggenberger, Klaus Hansen Hrsg. (1993): Die Mitte. Westdeutscher Verlag Opladen, S. 9

von Beginn an herrschende ‚Magie der Mitte' ist auch Resultat traumatischer geschichtlicher Erfahrungen. (...) Von dieser Optik her erscheinen die Extreme links und rechts der Mehrheit der Bürger als gefährliche Schwarmgeisterei, als Wege hin zu Intoleranz und Gewalt." [3]

Dieses Muster wurde zur Bundestagswahl 2025 durchbrochen:

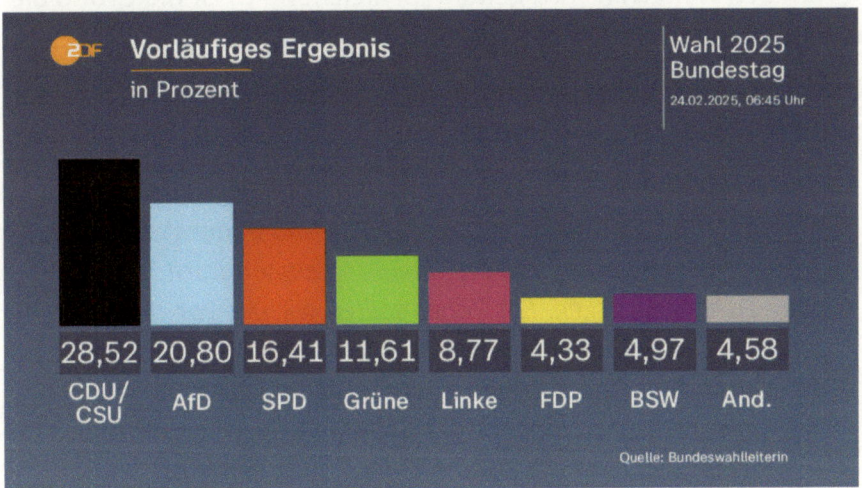

Quelle: ZDF Bundeswahlleiterin

Fast 21 % der Wähler und Wählerinnen wählten die rechtsradikale AfD, fast 14 % die linksradikalen Parteien. Die Linke und das Bündnis Sarah Wagenknecht, das aber die 5 %-Hürde sehr knapp verfehlte. Dennoch: 35 % der Wähler/innen haben radikal gewählt. Das hat sicher damit zu tun, dass die demokratischen Parteien zu oft miteinander koaliert haben, provokante Forderungen und Ziele gemieden wurden und die Parteien an Trennschärfe verloren. Hinzu kam die unglückliche Ampelkoalition und der schwache Kanzler Olaf Scholz, der die Wähler/innen nachgerade in die Hände der

---

3   Kurt Lenk (2009): Vom Mythos der politischen Mitte, in: http://www.bpb.de/apuz/31749/vom-mythos-derr-politischen-mitte?p=all

Radikalen trieb. Da wir jetzt wieder von einer sog. Großen Koalition regiert werden, da unser Land anders nicht mehr demokratisch zu lenken ist, kommt es sicher wieder zur Politik der kleinen Schritte, denn in Fragen der Asylpolitik, des Mindestlohnes und einer Vermögensabgabe für Reiche, einer Deckelung der Mieten und beim Abbau des Bürgergeldes wird es keine Gemeinsamkeiten der Koalitionäre geben, was den Populisten erneut in die Hände spielen wird. Auch weiterhin wird gelten: „Schleichend frisst die GroKo die eigenen Kinder."

Die belgische Politikwissenschaftlerin Chantal Mouffe sieht in der Sucht nach Konsens schon 2008 eine Gefährdung der Demokratie:

> *„Die Besonderheit der modernen Demokratie liegt in der Anerkennung und Legitimierung des Konflikts und in der Weigerung, ihn durch Auferlegung und Legitimierung einer autoritären Ordnung zu unterdrücken. (...) Daher sollten wir uns vor der heutigen Tendenz hüten, eine Politik des Konsenses zu glorifizieren, die sich rühmt, die angeblich altmodische Politik von rechts und links ersetzt zu haben. (...) Sobald politische Grenzlinien verschwimmen, wird die Dynamik der Politik gebremst und die Erzeugung distinktiver Identitäten behindert. Entfremdung von politischen Parteien setzt ein und entmutigt Partizipation am politischen Prozess."* [4]

Wie wir gerade bei uns beobachten können, führt das Negieren gesellschaftlicher und wirtschaftlicher Gegensätze nicht zu Sicherheit und Harmonie, sondern zu Misstrauen, Frust und Politikverdrossenheit und schließlich zur unsäglichen Suche nach Alternativen, die zu viele in den rechts- und linksradikalen Parteien zu finden glauben.

Hinzu kommt, dass die Globalisierung und die Digitalisierung die Arbeitswelt komplett verändert haben. Arbeitsplätze sind latent

---

4   Chantal Mouffe (2008): Das demokratische Paradox, Verlag Turia + Kant, Wien, Berlin. S. 112

gefährdet. Insbesondere der vermehrte Einsatz von Künstlicher Intelligenz wird sehr viele Arbeitsplätze wegrationalisieren, was heute auch Gutverdienende empfindlich treffen kann. Der Verdienst bleibt aus, der Kredit kann nicht mehr bedient werden, und der soziale Abstieg ist Realität.

Die Mitte zerfällt in Gewinner und Verlierer, wie der Berliner Politikwissenschaftler Herwig Münkler konstatiert:

„Solange die Mitte die Vorstellungswelten der Gesellschaft beherrschte, relativierte sich das Gewinner-Verlierer-Modell; die Hegemonie enthielt das Versprechen, dass sich die zufälligen Gewinne und Verluste in der Gesamtbilanz ausglichen und für Aufstieg und Abstieg in der Gesellschaft letzten Endes die individuelle Leistung den Ausschlag gab. Diese wiederum lieferte den Maßstab, um den herum sich die gesellschaftlich vorherrschende Idee der Verteilungsgerechtigkeit bilden konnte. Die von einigen politischen Parteien ausgegebene Parole, wonach sich Leistung wieder lohnen müsse, hat angesichts der jüngsten Entwicklung einen durchaus zynischen Unterton. Sie beruft sich auf einen Maßstab, der durch die kapitalistische Dynamik zertrümmert worden ist. Die Folge ist, dass Leistung kurzerhand mit Einkommen gleichgesetzt wird. Das zu Messende wird selbst zum Maßstab. Die Bedrohung der Mitte und der Verlust des Maßes gehen Hand in Hand. [5]

Und Sozialdemokraten erklären erneut die Beteiligung an der aktuellen Regierung mit der mangelnden Regierbarkeit der Republik und werden das Opfern von sozialdemokratischen Grundwerten auf dem Altar der Mitte mit Erfolgen beim Mindestlohn rechtfertigen.

Wenn Politik die Fantasie ausgeht und ihr nur noch der Inkrementalismus bleibt, wenn unterschiedliche Interessen und Bedürfnis-

---

5   Herfried Münkler (2010): Mitte und Maß. Der Kampf um die richtige
     Ordnung, Rowohlt Verlag Reinbek, S. 67 f.

se mit Hilfe einer Wir-sind-doch-alle-Mitte-Ideologie verkleistert werden, können sich immer mehr Menschen nicht mehr mit dem politischen System identifizieren. Hochmut kommt vor dem Fall. Vor mehr als fünfzig Jahren schon hat der US-Politikwissenschaftler Robert Alan Dahl auf die Langzeitwirkung von Volksparteien hingewiesen:

> *„Volksparteien müssen eine Politik der Kompromisse und des Verhandelns betreiben, eine Politik, die von Experten und Parteispitzen mit geringer Bindung an die Basis bestimmt wird und betont moderierend daherkommt. Im Ergebnis steht ein politischer Prozess, halb pragmatisch, halb technokratisch. Vielen Wählerinnen und Wählern ist das zu wenig an ihren Problemen orientiert und zu bürokratisiert. Ein solcher Prozess wird als Instrument politischer Eliten zur Wahrung der eigenen Interessen wahrgenommen."* [6]

Wahlprogramme dürfen künftig nicht mehr mit „mittigen Konsensformeln" überfrachtet werden, die Wähler und Wählerinnen müssen wissen, wer wessen Interessen vertreten will bei der Lösung der großen und weitreichenden Probleme unserer Zeit. Da gibt es keinen sicheren Weg im Schongang.

---

6   Michael Zürn zitiert Robert Dahl in Liberale Eliten als Hassobjekt, Der Tagesspiegel vom 21.10.2028, S.8

Das Problem der Zuwanderung

Unsere Kulturen haben de facto längst nicht mehr die Form der Homogenität und Abgeschiedenheit, sondern sind bis in ihren Kern hinein durch Mischung und Durchdringung gekennzeichnet. Die Kulturen sind hochgradig miteinander verflochten. Die Lebensformen enden nicht mehr an den Grenzen der Nationalkulturen, sondern überschreiten diese und finden sich ebenso in anderen Kulturen. Die neuartigen Verflechtungen sind eine Folge von Migrationsprozessen sowie von weltweiten materiellen und immateriellen Kommunikationssystemen (internationaler Verkehr und Datennetze) und von ökonomischen Interdependenzen. Einige Daten zum Problem:

„Zum Jahresende 2024 lebten fast 83,6 Millionen Menschen in Deutschland. Nach einer Schätzung des Statistischen Bundesamtes (Destatis) wuchs die Bevölkerung Deutschlands damit um knapp 100 000 Menschen gegenüber dem Jahresende 2023. Auch im Jahr 2024 war die Nettozuwanderung die alleinige Ursache des Bevölkerungswachstums. Wie in allen Jahren seit der deutschen Vereinigung fiel die Bilanz der Geburten und Sterbefälle 2024 negativ aus, da erneut mehr Menschen starben als geboren wurden. Im Jahr 2023 sind 1,9 Millionen Menschen nach Deutschland zugezogen. Die Anzahl der Auswanderer aus Deutschland betrug im selben Jahr rund 1,3 Millionen. Der Wanderungssaldo, also der Saldo zwischen Zuzügen und Fortzügen, betrug demnach plus 600.000. Die meiste Zuwanderung unter den Bundesländern verzeichneten Nordrhein-Westfalen, Bayern und Baden-Württemberg. [7]

---

7   https://de.statista.com/statistik/daten/studie/28347/umfrage/
     zuwanderung-nach-deutschland/

Nach ersten vorläufigen Ergebnissen gab es im November des Jahres 2024 in Deutschland einen Wanderungsüberschuss von rund 33 000 Personen (November 2023: 57 000). Dieser Wanderungsüberschuss ergibt sich aus insgesamt 129 000 Zuzügen und 96 000 Fortzügen über die Grenzen Deutschlands (November 2023: 159 000 Zuzüge und 101 000 Fortzüge).

Der Rückgang der Nettozuwanderung im Vergleich zum November 2023 ist hauptsächlich auf den Rückgang der Zuzüge aus dem Ausland vor allem aus der Türkei, Syrien sowie aus der Ukraine zurückzuführen." [8]

„Es arbeiteten 2023 insgesamt 5,3 Millionen ausländische Beschäftigte in Deutschland in sozialversicherungspflichtigen Jobs (von insgesamt 34,7 Millionen Beschäftigten insgesamt). Ende 2023 waren in Deutschland rund 987.000 Ausländerinnen und Ausländer arbeitslos. Ihre Arbeitslosenquote lag bei 14,7 Prozent und damit mehr als doppelt so hoch wie in der Gesamtbevölkerung (6,6 Prozent). Die Beschäftigungsquoten von Menschen aus Asylherkunftsländern steigen seit Jahren: Im Juli 2024 lag ihre Beschäftigungsquote bei 44,6 Prozent. Sie ist niedriger als die von Ausländern insgesamt (55,3) und der Gesamtbevölkerung (68,8). [9]

Wie kann die nicht asylbedingte Zuwanderung, aber auch der Verbleib von nicht berechtigten Asylbewerbern, vor allem aber derer, die als Straftäter bekannt sind oder eine Gefahr für unsere Sicherheit darstellen, weil sie als religiöse Eiferer bekannt wurden, konsequenter geregelt werden? Um eben diese Zielgruppe geht es, um keine andere. Das Asylrecht steht in keiner Weise zur Disposition. Die rechtliche Verankerung des Asylrechts beruht auf den Erfahrungen zweier Weltkriege: Als Anspruch und Verpflichtung zugleich ist sie die gemeinsame Antwort auf die Grausamkeiten von Krieg, Völkermord und Verfolgung.

---

8   https://www.destatis.de/DE/Themen/Gesellschaft-Umwelt/Bevoelkerung/
    Wanderungen/Wanderungsueberschuss.html
9   https://mediendienst-integration.de/en/integration/arbeitsmarkt.html

Erweist sich ein Flüchtling oder eine subsidiär schutzberechtigte Person als Sicherheitsrisiko und kann diesem Risiko mit straf- und sicherheitsrechtlichen Maßnahmen des nationalen Rechts (vgl. Art. 2 und 9 GFK) nicht angemessen begegnet werden, kann die internationale Schutzgewährung dennoch beendet werden. Die betroffene Person bleibt aus rechtlicher Sicht weiterhin Flüchtling, verliert aber ihr Aufenthaltsrecht im Aufnahmestaat. Es geht demnach vor allem darum, dass Strafverfolgungs- und Ausländerbehörden schneller und vor allem abgestimmter vorgehen. Darauf können sich auch Sozialdemokraten verständigen.

Der sterbende Planet

Die Idee der Nachhaltigkeit ist schon alt, sie hat im Laufe der Jahrhunderte nur andere Formen angenommen. Die Ausbeutung der Wälder für den Bau von Kriegsschiffen und zu Zwecken des Bergbaus erzeugte schon früh einen Mangel. Shakespeare, Descartes, Leibniz und mehr als hundert Jahre später Goethe haben das Verhältnis von Mensch und Natur zum Gegenstand ihres Denkens gemacht. Anfang des 19. Jahrhunderts wurde der Begriff Nachhaltigkeit in die Wörterbücher aufgenommen. Erst um 1968 kann man von einer Erdpolitik sprechen, Erdpolitik darum, weil durch die Landung auf dem Mond die Menschen ein anderes Verhältnis zu ihrem Planeten gewannen. [10]

Beschäftigt man sich heute mit der Idee der Nachhaltigkeit bzw. der nachhaltigen Entwicklung, so unterscheidet man drei Dimensionen der Nachhaltigkeit: [11]

Ökologische Nachhaltigkeit: Sie orientiert sich am stärksten am ursprünglichen Gedanken, keinen Raubbau an der Natur zu betreiben. Ökologisch nachhaltig wäre eine Lebensweise, die die natürlichen Lebensgrundlagen nur in dem Masse beansprucht, wie diese sich regenerieren.

Ökonomische Nachhaltigkeit: Eine Gesellschaft sollte wirtschaftlich nicht über ihre Verhältnisse leben, da dies zwangsläufig zu Einbußen der nachkommenden Generationen führen würde. Allgemein gilt eine Wirtschaftsweise dann als nachhaltig, wenn sie dauerhaft betrieben werden kann.

---

10 Ulrich Grober: Die Entdeckung der Nachhaltigkeit. Kulturgeschichte eines Begriffs. München 2013 (Kunstmann).
11 https://thesustainablepeople.com/das-drei-saeulen-modell-der-nachhaltigkeit/Joseph Huber: Allgemeine Umweltsoziologie. Wiesbaden (2)2011 (Verlag für Sozialwissenschaft), S. 158.

Soziale Nachhaltigkeit: Ein Staat oder eine Gesellschaft sollte so organisiert sein, dass sich die sozialen Spannungen in Grenzen halten und Konflikte nicht eskalieren, sondern auf friedlichem und zivilem Wege ausgetragen werden können."

Die Themen Klimawandel und Nachhaltigkeit sind miteinander verwoben, und beide Themen werden schon seit vielen Jahrzehnten diskutiert, ohne dass es entscheidende Veränderungen gäbe. Das Leitbild einer nachhaltigen Entwicklung hat eine dauerhafte und gerechte Bewirtschaftung des Planeten Erde zum Ziel. Man kann dieses Leitbild zusammenfassen als den Versuch, die Lebensbedingungen der heutigen Generation zu verbessern (Entwicklung) und gleichzeitig die Lebenschancen künftiger Generationen nicht zu gefährden. Der ethische Hintergrund dieses Spannungsverhältnisses sind Gerechtigkeitsüberlegungen zwischen den heute Lebenden und eben den zukünftigen Generationen. In der Fridays for Future-Bewegung der jungen Menschen kommt dies heutzutage deutlich zum Ausdruck, wenn Schülerinnen aus München auf Familienväter aus den Braunkohlegebieten der Lausitz treffen. Ähnlich betonen Länder mit Entwicklungsrückstand (wozu sich auch China zählt) ihr Recht auf Emissionen, während der industrialisierte Norden der Welt so weitermachen will wie bisher.

Die Idee der nachhaltigen Entwicklung geht auf die späten 1960er Jahre zurück; die erste große UN-Umweltkonferenz fand 1972 in Stockholm statt. 1983 wurde die UN-Kommission für Umwelt und Entwicklung gegründet (Brundtland-Report 1987) und der Begriff „Sustainable Development" geprägt. Die sog. Brundtland-Kommission betonte nicht nur den Naturschutz, sondern im gleichen Maße die Entwicklungsinteressen der Länder des Südens. Hierdurch wurde die gesamte Debatte interdisziplinär und vor allem global. In dem Maße, wie Nachhaltigkeit global begriffen wird, wird eine entsprechende Politik natürlich auch immer komplexer.

Einen ersten Durchbruch erzielte der Ansatz auf der in Rio de Janeiro abgehaltenen UN-Konferenz für Umwelt und Entwicklung im Jahre 1992. Seither finden entsprechende Konferenzen jährlich statt. Die Strukturen sind kompliziert; seit 2005 ist die sog. Vertragsstaatenkonferenz um die Mitglieder des Kyoto-Protokolls ergänzt worden, seit 2018 um das der Unterzeichner des Übereinkommens von Paris.

In der Tat, wer das Leitbild der nachhaltigen Entwicklung und die UN-Konferenzen an den effektiven Ergebnissen misst, etwa im Hinblick auf den Schutz der Regenwälder oder Fortschritte in der Klimapolitik, kommt stets zu einem negativen Ergebnis. Andererseits kann man mit Joseph Huber argumentieren:

> *„Dass die Nationen der Erde bei ihren erheblichen Entwicklungs- und Interessenverschiedenheiten, sich ein gemeinsames Leitbild nachhaltiger Entwicklung zu eigen machen würden, war nicht selbstverständlich. So gesehen ist die Etablierung des Nachhaltigkeitsdiskurses ein hoch zu bewertender politischer Erfolg."* [12]

Von Beginn an waren es die sozialen Bewegungen, welche den Prozess vorantrieben: Natur- und Umweltbewegungen, auch die Frauenbewegung, die Menschenrechtsbewegung und die internationale Solidaritätsbewegung, die allesamt im fortgeschrittenen Stadium einer weitgehenden Institutionalisierung und Professionalisierung waren. Man muss daran erinnern, dass dies auch die Zeit war, in der Die Grünen sich als politische Partei etablierten.

Nachhaltigkeit wird nicht zuletzt als ein kulturelles Projekt umschrieben. Das Wuppertaler Institut für Klima, Umwelt und Energie spricht von einem „weiteren Schritt hin zu einer Welt, in der die Würde und die Entfaltungsmöglichkeiten von Menschen überall auf dieser Welt heute und in Zukunft Kompass für gesellschaftliches, politisches und ökonomisches Handeln sind." [13]

Im Konzept der Großen Transformation geht es um moralische Kategorien, nicht um volkswirtschaftliche Effekte.

---

12   Joseph Huber: (2011): Allgemeine Umweltsoziologie. Wiesbaden, Verlag für Sozialwissenschaft, S. 158.
13   Uwe Schneidewind: (2018): Die Große Transformation. Eine Einführung in die Kunst des gesellschaftlichen Wandels. Frankfurt/M. (Fischer TB), S.25

„Es ist eine systematische Erweiterung der Idee der Menschen-rechte, indem allen Menschen auf diesem Planeten sowie auch zukünftigen Generationen die gleichen Entwicklungschancen eröffnet werden. Es beschreibt ein wachsendes Verständnis des Respekts gegenüber anderen Menschen, global und intergenera-tionell." [14]

Es müssen aber praktische Konsequenzen aus den Erkenntnissen gezogen werden, und hier hapert es in aller Regel. Die Kämpfer und Kämpferinnen für die Nachhaltigkeit sind häufig Idealisten – es geht ihnen um Gerechtigkeit und Verantwortung. Diese Akti-visten stoßen dabei auf die Hindernisse komplexer Institutionen. Die propagierten Ideale müssen in institutionelle Regelsysteme übersetzt werden, also in Klimaprotokolle und Kompromiss-Ge-setze. Eine Politik der Nachhaltigkeit verliert sich dann schnell in verwaltungstechnischen Widersprüchlichkeiten und in geschei-terten Klimakonferenzen. Der Ausweg scheint die Technologie zu sein. Der technologische Fortschritt – so die Vertreter dieser politischen Strategie – kann die Lösung sein, wenn sich nichts am Konsumverhalten, an der Kultur und an der Politik ändert. Letzt-lich müssen diese drei Vorgehensweisen und Verständnisse von Politik zusammenfinden.

Eine nachhaltige Entwicklung wird nur möglich sein, wenn wir technologische Effizienz und einen Wandel unseres Konsumver-haltens miteinander verbinden. Dass regenerative Energien und eine verbesserte Kreislaufwirtschaft zu fördern sind, ist inzwischen wohl unumstritten. Diese Maßnahmen bewegen sich unterhalb der Ebene einer Veränderung der Lebensführung. Aber wenn es um neue Wohlstandsmodelle geht, nehmen die Widerstände zu. Hier geht es um die Entkoppelung der Lebensqualität vom öko-nomisch-materiellen Wachstum. Eine solche Vision rührt an den Grundfesten des Kapitalismus, sie hat eine lebensphilosophische Dimension.

---

14 Schneidewind 2019, a.a.O., S.26

Das Gegenkonzept zu diesem Denken ist die ökologische Modernisierung. Auch dieser Begriff ist sehr schillernd. Die ökologische Modernisierung ist das Denkmodell der kapitalismusfreundlichen Kräfte. Es impliziert nicht – wie Theorien des Nullwachstums oder der Genügsamkeit („Gutes Leben") – einen grundlegenden Bruch mit den Strukturprinzipien der industriellen Moderne.

„Der Begriff verbindet Vorstellungen von Rationalität, Wissenschaftlichkeit, wirtschaftlicher, technischer und gesellschaftlicher Weiterentwicklung sowie Fortschritt mit Zielen der Existenzsicherung, des Schutzes und der Konservierung. Kurz: Ökologische Modernisierung vereint die sich eigentlich ausschließenden Ideen von Dynamisierung und Bewahrung / Systemerhaltung." [15]

Ökologische Modernisierung setzt auf markwirtschaftliche Instrumente; auf die Bedeutung der wissenschaftlichen Expertise; auf die Entwicklung, die Förderung und den Einsatz von technischen Innovationen; sowie auf den Versuch der Politik, durch mehr Partizipation eine größere Akzeptanz ihres Handelns zu erreichen.

Beide Seiten – die Anhänger von Gerechtigkeit und Verzicht hier, die Anhänger von technischen Lösungen dort – werfen sich ein borniertes Verhalten vor. So kritisiert Timmo Krüger:

„Erstens stellten Theorien der ökologischen Modernisierung keine Machtfragen und übten keine prinzipielle Gesellschaftskritik; zweitens suche man Lösungen, die möglichst unkompliziert innerhalb der gegebenen Rahmenbedingungen umgesetzt werden könnten; drittens dominiere das Primat der Betriebsökonomie, also Kostendenken". [16]

---

15 Martin Bemmann / Birgit Metzger / Roderich von Detten (2014): Einleitung. In: Dies. (Hrsg.): Ökologische Modernisierung. Zur Geschichte und Gegenwart eines Konzepts in Umweltpolitik und Sozialwissenschaften. Frankfurt/M. (Campus), S. 7 – S. 32, S. 11.
16 Timmo Krüger (2014): Das Hegemonieprojekt der ökologischen Modernisierung und antagonistische Artikulationen in der internationalen Klimapolitik. In: Bemmann / Metzger / von Detten (Hrsg.) 2014, S. 97 – S. 126, S. 103 f.

Es ist interessant zu erkennen und zu verfolgen, wie beide Seiten in unterschiedlichen Wirklichkeitsräumen leben. Lässt man sich erst einmal auf das apokalyptische Denken ein und verbindet es mit der altbekannten Kapitalismuskritik, so ist für ein Denken in Dimensionen von Machbarkeit und Systemerhalt kein Platz mehr. Umgekehrt haben die Vertreter einer ökologischen Modernisierung sicher damit recht, dass viele Forderungen und Visionen eines ökologisch „guten Lebens" illusionär sind.

Zukunftsfähiges Wirtschaften (nachhaltige Entwicklung) bedeutet, Fragen der Nachhaltigkeit gleichberechtigt mit sozialen und wirtschaftlichen Gesichtspunkten im unternehmerischen Handeln zu berücksichtigen. Jedoch gilt umgekehrt, dass für einen langfristigen Effekt auch die Ökonomie und das Soziale gegenüber der Ökologie gleichberechtigt sind. Das Nachhaltigkeitskonzept schließt die Entwicklung der gesamten Menschheit mehrerer Generationen ein und ist daher sehr viel umfassender als allein unternehmerisches Handeln. Denn die unternehmerische Nachhaltigkeit ist auf der betrieblichen Ebene angesiedelt und nicht unbedingt deckungsgleich mit gesellschaftlichen Zielen. Die Suche nach einer Win-Win-Situation ist kompliziert.

Nachhaltigkeit aus betriebswirtschaftlicher Sicht umfasst Umweltmanagement, Qualitätsmanagement, Risikomanagement, die Wahrnehmung von Anliegen der Mitarbeiter, die sozial- und umweltverträgliche Ausrichtung der Zulieferketten, betriebliche Informationssysteme und die Bekämpfung von Korruption – ist also eine extrem umfassende Herausforderung. Für die Messung und das Controlling von Nachhaltigkeit wurden zahlreiche Indikatorensysteme entwickelt. In der Regel werden Werkzeuge, Umweltleistungen oder soziale Leistungen finanziell abgebildet, zum Beispiel als Investitionsrechnung, als Ökokontenrahmen oder als Umweltberichterstattung. Es gibt Energiebilanzen und eine Norm für eine Produktökobilanz sowie Zertifizierungen und Ansätze einer Kreislaufwirtschaft. [17] Ein solches betriebswirtschaftliches Denken ist vielen Theoretikern der Großen Transformation natürlich fremd.

Ein interessanter Aspekt von Nachhaltigkeit und unternehmerischem Handeln sind die globalen Wertschöpfungsketten. Die Aufspaltung von Produktionsprozessen über nationale Grenzen hinweg ist zu einem strukturellen Merkmal der Weltwirtschaft geworden. Hier sind es häufig Großkonzerne, sog. Lead Firms, welche diese Ketten koordinieren und inhaltlich bestimmen. Ein positiver Effekt dieses Abhängigkeitsverhältnisses ist es, dass sich Unternehmen aus Entwicklungsländern durch die Zusammenarbeit mit Lead Firms Kompetenzen aneignen können, die sie befähigen, höhere Wertschöpfungsanteile zu generieren. Die Folgen dieser Handelsstrukturen für Beschäftigung, Löhne und Arbeitsbedingungen fallen unterschiedlich aus, denn einem erhöhten Druck der Konsumenten und gesellschaftlichen Akteure steht ein hoher Preisdruck gegenüber. Gleichzeitig ist unabweisbar, dass dieser Welthandel Folgen für die Umwelt hat, vor allem durch den Transport und natürlich durch das Wirtschaftswachstum selbst. Nicht immer gelingt es, (und nicht immer ist es gewünscht), dass die Sozial- und Umweltstandards in den Entwicklungsländern angehoben werden. Die Zielkonflikte erfordern komplexe Politikprozesse, wobei die Lead Firms die primären Partner der Politik sein sollten. [18]

In der Corona-Pandemie haben wir darüber hinaus schmerzhaft feststellen müssen, dass es in Krisenzeiten durch die Auslagerung von Produktionen in Billiglohnländer zu gefährlichen Versorgungs-

---

17 Rebekka Volk (2019): Betriebswirtschaft / Nachhaltigkeitsmanagement. In: Ursula Kluwick / Evi Zemanek (Hrg.): Nachhaltigkeit interdisziplinär. Konzepte, Diskurse, Praktiken. Köln usw. 2019 (Böhlau), S. 180 – S. 197, S. 184 f.
18 Axel Berger: Globale Wertschöpfung, globale Verantwortung? Nachhaltigkeit in globalen Wertschöpfungsketten. Konrad-Adenauer-Stiftung 2019.

engpässen kommen kann, wie wir es zum Beispiel bei Gesichtsmasken zu spüren bekommen haben.

Das Konzept der Nachhaltigkeit ist stets verbunden mit einem bestimmten Verständnis von Verantwortung. Welche Verantwortung für wen übernimmt die unternehmerische Leitung eines Betriebes? Hier muss man vor allem erkennen, dass sich unsere Gesellschaft aus verschiedenen Teilsystemen zusammensetzt, wie zum Beispiel Politik, Wirtschaft, Religion oder Wissenschaft. In jedem dieser Teilsysteme gelten andere Organisationsformen, Interaktionsstile und Wertorientierungen. Diese funktionale Differenzierung ist Problem und Chance gleichermaßen. So handelt eine Frau in ihrer Rolle als Mutter anders als in ihrer Rolle als Geschäftsführerin eines Betriebes, oder eine Partei stellt Forderungen auf, die den Interessen eines Wirtschaftszweiges entgegenlaufen. Mit diesem Beispiel ist gemeint: Es gibt unterschiedliche Formen der Verantwortung je nach dem gesellschaftlichen Teilsystem, und eine gesamtgesellschaftliche Verantwortung ist nur schwer erreichbar.

Die Verantwortung von Unternehmen / Managern wird unter dem Begriff Corporate Social Responsibility (CSR) breit diskutiert. Der Katalog der Deutschen Nationalbibliothek weist allein 645 Titel auf. Es existiert trotzdem keine einheitliche Definition bei insgesamt sich ändernden Verständnissen und Schwerpunkten des Interesses durch die Jahrzehnte der Diskussion. Die Europäische Kommission sieht in CSR „ein Konzept, das den Unternehmen als Grundlage dient, auf freiwilliger Basis soziale Belange und Umweltbelange in ihre Unternehmenstätigkeit und ihre Wechselbeziehungen mit den Stakeholdern zu integrieren." Es handelt sich damit um die Wahrnehmung gesellschaftlicher Verantwortung durch Unternehmen über gesetzliche Anforderungen hinaus. Die unternehmerische Motivation liegt vor allem in der Imagewirkung begründet. CSR wird mit Markentreue, Mitarbeitermotivation, Steigerung des Bekanntheitsgrades, Schaffung von Vertrauen und Kooperationen und dadurch Steigerung des Unternehmenswertes belohnt. [19]

Die personellen Träger von CSR sind die Manager/innen, und hier öffnet sich die Tür zu einer Elitenkritik. Begreift man wirtschaftliche Führungskräfte als Elite, so kann man sie betrachten unter dem Gesichtspunkt, aufgrund welcher sozialen Kriterien sie ihre Karriere gemacht haben, zweitens wie sie sich zur gesellschaftlichen Verantwortung von Unternehmen positionieren und drittens, worin eigentlich ihre Leistung besteht.

Die Leistung von Managern, welche Annette von Alemann untersuchte, kann auch auf die Herausforderung der Nachhaltigkeit bezogen werden. Nachhaltigkeitsmanagement bewegt sich zwischen Wirtschaft, Ethik, Politik und Gesellschaft, wobei eine stimmige Position zwischen Wettbewerbsposition und Nachhaltigkeit gefunden werden muss, damit letztere tatsächlich nachhaltig ist. Mit anderen Worten muss die Überlebensfähigkeit der Einzelwirtschaft gewahrt bleiben. Zutreffend ist, dass die Summe der einzelwirtschaftlichen Entscheidungen sich in gesamtgesellschaftlichen Nachhaltigkeitseffekten niederschlägt. Aber alle ethischen Überlegungen erhalten einen Dämpfer, wenn man sie den tatsächlichen Konsumentenentscheidungen gegenüberstellt. [20]

Die Menschen beurteilen gesellschaftliche und wirtschaftliche Veränderungen nach ihren intuitiven moralischen Leitvorstellungen wie Freiheit, Sicherheit, Schutz, Gerechtigkeit, Fairness, Solidarität usw. Diese grundsätzlich situationsübergreifenden abstrakten Werte werden durch das Handeln von Führungskräften konkret. Der Wirtschaftsethiker Karl Homann (durchaus ein Vertreter der

---

19 Matthias Alexander Palmer (2019): Corporate Social Responsibility. Motivation und Berichtsinstrumente der Unternehmensverantwortung. Hamburg (Verlag Dr. Kovac).
20 Diese Dilemmata werden auf unterschiedliche Weise diskutiert im Sammelband von Christian Arnold und anderen (Hrsg.) (2019): Herausforderungen für das Nachhaltigkeitsmanagement. Globalisierung – Digitalisierung – Geschäftsmodelltransformation. Wiesbaden (Springer).

Marktwirtschaft) tritt dafür ein, dass die Anwendung von Werten in unterschiedlichen Situationen erlernt werden müsse, weswegen Fehler unausweichlich seien. Situationen und Entscheidungen müssten aus unterschiedlichen Perspektiven betrachtet werden. „Hinzuweisen ist besonders auch auf den Vergleich des Umgangs mit Werten in anderen Unternehmen und auf den kommunikativen Austausch unter den Unternehmen."

Die angesprochene Lernfähigkeit von Unternehmen entspricht der von den Vertretern der Großen Transformation geforderten (neuen) Rolle von Unternehmen. Wie oben bereits angesprochen, wird die gesellschaftliche Verantwortung von Unternehmen breit diskutiert. Die Fragen lauten: „Können sich Unternehmen konsequent auf gesellschaftliche Herausforderungen ausrichten? Gelingt das insbesondere in solchen Märkten, in denen sich Kunden und Wettbewerber nicht nachhaltig verhalten?" Der von Schneidewind geforderte unternehmerische Perspektivwechsel („Corporate Mindshift") ist sehr voraussetzungsvoll. Notwendig sind andere Infrastrukturen, andere Technologien, Produkte und Dienstleistungen und natürlich eine Änderung der vielen täglichen Routinen.

Der Populismus und die Wähler/innen in den neuen Bundesländern

Kommen wir auf deutsche Probleme zurück. Deutschland fällt auseinander in überhitzte Boomregionen und den abgehängten Rest der Republik. Die wachsende Kluft zwischen Stadt und Land ist mit einer Reihe anderer zentraler Probleme verknüpft, wie der Umweltbelastung, Gesundheitsschäden, Zersiedelung der Landschaft hier und Lethargie und Desintegration dort. Menschen, die sich abgehängt fühlen, sind anfällig für politische Extreme. Wer Boomregionen entlastet und unterbevölkerte Regionen aufwertet, tut etwas für die Umwelt und stärkt die Demokratie.

In den vergangenen Jahren ist das Thema der Schaffung gleicher Lebensbedingungen in Deutschland verstärkt in den Fokus der Öffentlichkeit gerückt, wobei allerdings der Eindruck zurückbleibt, dass die politische Brisanz noch nicht völlig erkannt ist. Denn neben beklagenswerten Problemen mit der Infrastruktur in den Dörfern Bayerns oder Niedersachsens spaltet sich Deutschland auch entlang der Linie Ost und West. Das eigentliche Politikum ist nicht nur die unausgewogene Infrastruktur, sondern die Abwanderung der Menschen.

Das Problem der regionalen Disparitäten ist unter zwei verschiedenen Aspekten zu diskutieren: Einerseits die unbestreitbare Tatsache, dass es überall in Deutschland Regionen und Orte gibt, die wirtschaftlich, strukturell und wohl auch kulturell gegenüber den Oberzentren zurückfallen; bei der Betrachtung dieses Umstandes findet man Verbündete auch im Westen. Und andererseits die sich vertiefende Spaltung zwischen West- und Ostdeutschland, vor allem, was die Bevölkerungsentwicklung betrifft. Es ist diese Spaltung als Langzeitfolge der deutschen Einheit, welche – wird sie nicht bald massiv bekämpft – Deutschland auf unabsehbare Zeit politisch prägen wird. Am Rande der Europawahlen im Mai 2019 wurde deutlich, dass (mit Ausnahme der Boomtown Leipzig) bei den Kommunalwahlen im Osten die AfD in der Mitte der Gesellschaft angekommen ist.

Die blühenden Landschaften sind entstanden – nur haben sie oft etwas Kulissenhaftes. Fährt man durch bestimmte Regionen Ostdeutschlands, so sieht man romantische Städte voller deutscher Kultur und Geschichte, es gibt einen oberen und einen unteren Marktplatz, in der Regel ein Schloss und häufig eine viel zu große Kirche, ja einen Dom. Der deutsche Föderalismus finanziert sogar ein kleines Theater und ein wenig besuchtes Museum. Es umfängt den Besucher sofort das Gefühl eines Deutschseins, wie man es aus Stuttgart, Düren oder gar Berlin schon lange nicht mehr kennt. Der Umstand, dass Ostdeutschland gefühlt deutscher ist als Westdeutschland, führt im Zusammenspiel mit anderen Faktoren zu dieser unsäglichen psychologischen Asymmetrie zwischen Ost und West, die sich auch parteipolitisch ausdrückt.

Stendal, Aschersleben, Naumburg, Wittenberg, Merseburg, Wurzen, Torgau, Löbau, Görlitz (um nur einige Beispiele zu nennen) sind städtebauliche Schönheiten in einer reizvollen Landschaft mit einer stolzen Vergangenheit und einer sehr ungewissen Zukunft. In den umliegenden Dörfern befremden die Behäbigkeit, Langeweile, Lethargie, Ruhe und Beschaulichkeit, die dort Platz greifen, aber auch Verarmung und Verwahrlosung. Die genannten Städte leben emotional von der Erinnerung an die Hanse, an die Reformation und das Wirken von Martin Luther vor fünfhundert Jahren, vom Bischofssitz vor tausend Jahren und manchmal von der Erinnerung an die Textilindustrie vor erst einhundert Jahren. Auf diesen Themen baut der Tourismus auf, dies ist das einzige endogene Potenzial.

In den wenigen Jahren der Treuhand wurde die fast völlige Deindustrialisierung Ostdeutschlands vorangetrieben. Es gab mehrere Phasen: Zuerst Offenheit, Improvisation und oft das völlige Chaos, dann die rücksichtslose Privatisierung im falschen Vertrauen auf einen fairen Markt und den Sieg des Prinzips Verkauf vor Sanierung, und schließlich den verspäteten Versuch, einige industrielle Kerne zu erhalten. Die Politik der westdeutschen Eliten, ein eigenständiges Potenzial in Ostdeutschland nicht zu fördern, ja das Land in die völlige Abhängigkeit westdeutscher Konzerne zu führen, hat ökonomische und vor allem psychologische Folgen bis heute.

Die Orte sterben aus, die Lokalpolitik kämpft vergeblich um junge Zuzügler. Diese Mischung aus Überalterung, Perspektivlosigkeit und einer auf die schön renovierte Heimat beschränkte Identität, bildet die Grundlage für die Erfolge der AfD. Wir sind dabei noch immer beim Thema Ausgleich regionaler Disparitäten und Bevölkerungsentwicklung. Man kann es so formulieren: Die verunsicherten Menschen in Sachsen möchten, dass die perfekt renovierten Marktplätze Wirklichkeit werden und nicht Kulissen in einem Prozess der Globalisierung bleiben, bei dem sie die Verlierer sind.

Man liest immer wieder tränenreiche Berichte von Altenpflegerinnen, die in München keine bezahlbare Wohnung finden und für den studierenden Sohn kein Zimmer. Warum zieht die Frau nicht nach Torgau oder Güstrow, wo sie sich die preiswerte Wohnung aussuchen und zu Fuß zur Arbeit gehen kann? Warum studiert der Sohn nicht in Magdeburg? Millionen Ostdeutsche sind den Weg in die „Fremde" gegangen, und man findet dies durchaus normal. Die Verlierer der Geschichte zogen in das Land der Sieger und verstärkten dort die Wohnungsnot.

„Sachsen hat im Jahre 2024 erneut die Bevölkerungszahl des Jahres 1905. Ostdeutschland war immer ein Auswanderungsland. Vom Juli 1945 bis zum Juli 1990 sind ca. 4,6 Mio. Menschen aus der SBZ/DDR in die BRD zugewandert. Der frühen Fluchtwelle folgten Jahr für Jahr Hunderttausende als Übersiedler, dann als Flüchtlinge. Nach dem Fall der Mauer kam es zu einer völlig unkontrollierten Massenabwanderung, ca. 2,9 Mio. Menschen verließen die neuen Bundesländer Richtung Westen. Das entspricht immerhin der Einwohnerzahl des Landes Sachsen-Anhalt

zum Zeitpunkt der Wiedervereinigung. Aus ehemals industriellen Ballungszentren wie Chemnitz, Frankfurt/Oder, Halle-Merseburg wanderten zwanzig Prozent der Bevölkerung in den Westen ab. Im Zuge der Grenzöffnung 1989 begann die erste große Abwanderungswelle. Dabei entlud sich das über Jahrzehnte aufgestaute Migrationspotenzial zwischen den beiden deutschen Staaten. Ab 1998 nahm die Nettowanderung erneut signifikant zu; 1,2 Mio. Ostdeutsche zogen gen Westen." [21]

Ein besonderes Problem ist die Abwanderung von Frauen. Vor allem periphere, ländliche Regionen verloren überdurchschnittlich viele jüngere Frauen auf der Suche nach neuer Arbeit. Ein solches geschlechtsspezifisches Wanderungsmuster ist eher ungewöhnlich und wurde verschiedentlich untersucht. Auch zeigten die Zahlen, dass vor allem jüngere Menschen auswanderten; wer alt und arbeitslos war, der blieb in der Region. Wo qualifizierte Kräfte das Land verlassen, sinkt das Bildungsniveau und wächst das Desintegrationsklima. Wo für die Einheimischen Arbeitsplätze fehlen, wächst zwangsläufig die Fremdenfeindlichkeit.

Die Abwanderung entspricht noch heute den Merkmalen jung, weiblich, gut ausgebildet, und wo sie abnimmt, hat dies einen einfachen Grund: Seit 2010 kommen die nach der Vereinigung in Ostdeutschland geborenen Generationen in das wanderungsaktive Alter. Diese Altersjahrgänge sind wegen des Geburtenbruchs jedoch um 50% kleiner als die davor lebenden Jahrgänge.

„In den nächsten zwanzig Jahren wird die Einwohnerzahl Ostdeutschlands noch stärker abnehmen als in den Jahrzehnten zuvor. Gemeinsam mit einer Verschiebung der Altersstruktur wächst die Diskrepanz zum Westen. Im Hinblick auf das Defizit an Frauen unterscheiden sich die ländlichen Regionen in Ost- und Westdeutschland schon heute. In einigen Landkreisen liegt

---

21 Christiane Dienel (Hrsg.) (2008): Abwanderung, Geburtenrückgang und regionale Entwicklung. Ursachen des Bevölkerungsrückgangs in Ostdeutschland. Wiesbaden 2005 (Verlag für Sozialwissenschaften)

der Männerüberschuss bei den 18 – 20Jährigen bei 20%. Es handelt sich um eine sich selbstverstärkende Entwicklung, um eine demografisch-ökonomische Abwärtsspirale, die jahrzehntelang von der Politik als Thema gemieden wurde. [22]

Wirtschaftsgeografisch kann man Deutschland zunächst in Großregionen gliedern und kommt zu der Erkenntnis, dass das Grundmuster der großräumigen Disparitäten seit der deutschen Einheit besteht aus einem äußerst stabilen, aber geringen Süd-Nord-Gefälle, überlagert von einem klaren und stabilen West-Ost-Gefälle. Zu einer anfänglich für möglich gehaltenen raschen und vollständigen Angleichung ist es nicht gekommen.

Die Möglichkeiten des Staates, auf diese Entwicklung Einfluss zu nehmen, sind begrenzt. Zu den wichtigsten Maßnahmen der direkten Steuerung zählen die EU-Regionalpolitik, die Gemeinschaftsaufgabe zur Verbesserung der regionalen Wirtschaftsstruktur und verschiedene Instrumente auf regionaler und kommunaler Ebene. In den vergangenen Jahrzehnten rückte der Produktionsfaktor Wissen in das Blickfeld von Wissenschaft und Politik. Wissen gilt als Triebkraft des Wirtschaftswachstums, und wissensintensive Dienstleistungs- und Industriebranchen gewinnen an gesamtgesellschaftlicher Bedeutung. Theoretisch hofft man auf eine von Basisinnovationen ausgelöste langfristige Entwicklung (lange Welle) (zum Beispiel Kunststoffe oder Mikroelektronik), deren Effekte auch andere Bereiche und Anwendungsfelder durchdringen. Die Triebkraft des Wachstums ist dann gegeben, wenn die Nutzung des neu geschaffenen Wissens (Humankapital) ebenfalls regionalintern erfolgt. Dies bedeutet im Umkehrschluss, dass Humankapitalinvestitionen keinen Wachstumseffekt haben, wenn die Hochqualifizierten abwandern oder die wirtschaftliche Nutzung ihres Wissens an anderen Orten erfolgt.

---

22 Harald Michel (2017): Im Osten etwas Neues? In: Tilman Mayer (Hrsg.):
    Die transformative Macht der Demografie. Wiesbaden (Springer), S. 331 –
    S. 337.

Es kann von einer erheblichen Benachteiligung Ostdeutschlands auch in einem anderen wichtigen Bereich gesprochen werden, nämlich der Ansiedlung von Bundesbehörden. Im Mai 2019 machte die Fraktion der Grünen im Bundestag in einem Antrag darauf aufmerksam, dass die mit großer Mehrheit verabschiedete Beschlussempfehlung der Föderalismuskommission von 1992 nie umgesetzt wurde. Damals wurde eine ausgeglichene Verteilung von Bundesbehörden unter besonderer Berücksichtigung der neuen Länder gefordert. 27 Jahre nach dem Beschluss zeichnet sich ein anderes Bild. Von 217 Bundeseinrichtungen haben 194 ihren Hauptstandort im Westen (89,4 %), 23 im Osten (10,6 %). Vor allem NRW hat offenbar in der Vergangenheit bei der Ansiedlung von Bundeseinrichtungen profitiert. Dort haben 60 Einrichtungen ihren Hauptsitz. Die Grünen fordern die Bundesregierung unter anderem auf, neue Bundeseinrichtungen und -institutionen als Impulsgeber für Regionen mit strukturpolitischen Herausforderungen zu verstehen und zum überwiegenden Teil in den neuen Bundesländern anzusiedeln.

Die ehemalige Grünen-Fraktionsvorsitzende Göring-Eckhardt forderte sogar, dass ab sofort ausnahmslos jede neue Behörde und jede neue Forschungseinrichtung im Osten anzusiedeln sei. Unter dem Gesichtspunkt der Regionalentwicklung ist es daher völlig unverständlich, dass die Bundesregierung ein neues Zentrum für Batteriezellenforschung in Münster, eine der reichsten Regionen Deutschlands, mit 500 Mio. Euro förderte und aufbaute. Richtig ist jedoch auch, dass die Finanzschwäche der Länder und Kommunen im Osten das eigentliche Problem ist. Rainer Hasselhoff, Ministerpräsident von Sachsen-Anhalt, fordert darum eine Steuerreform mit dem Ziel, die Gewerbesteuer stärker in den Osten zu lenken. Er verweist darauf, dass viel Geld, das im Osten erwirtschaftet wird, der Besteuerung im Westen unterliegt, eben weil dort die Konzerne sitzen.

Wenn Google uns den Krieg erklärt

Die digitalen Kommunikationstechnologien erweitern die Freiheitspotenziale der Menschen, aber sie bedrohen auch die Freiheit auf eine ganz besondere Art und Weise.

„Das Internet erzeugt Chancen für die Demokratie, interaktive Kommunikation und nie gekannte Partizipation; doch es produziert ebenso neue und unabsehbare Kontrollmöglichkeiten, Machtkonzentration und Ausschlüsse. Es ist einerseits egalitär, andererseits gibt es schon jetzt eine Internet-Klassengesellschaft. Es enthält wunderbare Chancen für die Armen, aber noch grandiosere für die ohnehin schon Reichen.“ [23]

Der Soziologe Stefan Mau beschreibt in seinem Buch „Das Metrische Wir – Über die Quantifizierung des Sozialen", wie Internet-Konzerne durch algorithmische Prozeduren auch bei uns eine Herrschaft durch die Hintertür etablieren: Jeder Nutzer bekommt einen Score, eine digitale Kopfnote und indem er ständig sein Rating optimiert, verhält er sich systemkonform, ganz im Sinne der Quantifizierungslogik. So determiniert Google unsere soziale Bonität im Netz. [24]

„Die Plattformen sind keine bloßen Marktteilnehmer, sie bestimmen vielmehr die Funktionsweise der Märkte. Wir ihnen nicht Einhalt geboten, werden sie zu den de-facto-Herrschern des 21. Jahrhunderts. Sie sind in der Lage, regulatorische Kontrolle über die Bedingungen auszuüben, unter denen andere Anbieter Wa-

---

23 Hartmut Böhme (2004): Netzwerke. Zur Theorie und Geschichte einer Konstruktion; www.netzeundnetzwerke.de/files/boehme_netzwerke.pdf, S. 19 f.
24 http://www.sueddeutsche.de/digital/die-macht-von-google-und-facebook-software-frisst-die-welt

ren und Dienstleistungen verkaufen können. Schon 2014 haben mehr als tausend amerikanische Autoren, darunter Schriftsteller wie Salman Rushdie, Milan Kudera und Philip Roth, gegen Geschäftspraktiken von Amazon Front gemacht. Das Unternehmen bemüht sich seit einigen Jahren massiv, Autoren mit hohen Tantiemen dazu zu bewegen, bei Amazon direkt zu veröffentlichen. Den Zwischenhandel auszuschließen, liegt dem Online-Versandhändler in den Genen; jetzt will Amazon auch die Verlage ersetzen." [25]

Ich hoffe, die deutsche und europäische Politik erkennen schneller, als das in der Vergangenheit zu beobachten war, das Potenzial für eine ausgeglichenere ökonomische Teilhabe am internationalen Geschehen und kann sich durchsetzen gegen die Interessen vor allem der US-Wirtschaftsgiganten.

Das Entscheidende für mich ist, dass die Politik prüft, ob Formen des digitalen Handels nicht besser auf einer Blockchain-Plattform stattfinden sollten, auf der alle die gleichen Privilegien haben.

Die Auseinandersetzung mit den Tech-Giganten ist sicher eine anspruchsvolle Herausforderung, aber ein politisches System, das seiner Gestaltungsaufgabe nicht nachkommt und die Verantwortung an Bürokraten und Fachgremien allein delegiert, setzt grob fahrlässig unsere Wettbewerbsfähigkeit und unsere Freiheitsrechte aufs Spiel.

„Einst waren es Theologen, Philosophen und Rechtsgelehrte, die die Fragen der Zeit reflektiert und uns durch neue Einsichten Orientierung gegeben haben; heute sind es Techniker, Ingenieure und Informatiker, die uns die Welt erklären. (...) Früher waren es Wissenschaftler, die darüber nachgedacht haben, wie sich die Welt verändert; heute sind es Praktiker, die die Welt verändern, ohne lange über Folgen ganzheitlich nachzudenken. In der digi-

---

25 Frank Pasquale (2018): Digitaler Kapitalismus. Wie zähmen wir die Tech-Giganten? In: WISO direkt, o5/2018 der Friedrich-Ebert-Stiftung

talen Revolution unserer Tage, die unser aller Leben, Arbeiten und Wirtschaften nachdrücklich verändert hat, gilt das vor allem für die Giganten des Internets, also Apple, Facebook, Google & Co. Sie geben die Spielregeln vor, an die wir uns zu halten haben, und nicht Parlamente und Regierungen; sie verändern die Welt und gestalten die Zukunft, nicht demokratische Mehrheiten." [26]

---

26 Göttrik Wewer (2014): Open Government, Staat und Demokratie. Aufsätze zu Transparenz, Partizipation und Kollaboration. Berlin, (edition sigma), S 199.

Die USA als unverzichtbare Nation?

Kennedy war ein Berliner

Am 26. Juni 1963 rief der 35. US-Präsident John Fitzgerald Kennedy den Berlinerinnen und Berlinern vom Schöneberger Rathaus aus den legendären Satz zu: „Ich bin ein Berliner." Neben dem Kniefall Willy Brandts in Warschau wohl eines der am häufigsten gezeigten Filmdokumente in Deutschland. Ich war gerade zwölf Jahre alt und den Amerikanern positiv zugewandt, als Kennedy Berlin besuchte. Die Amerikaner waren es, die den Wiederaufbau Deutschlands ermöglicht hätten, ist die allgemein anerkannte Überzeugung. Auch den Einsatz amerikanischer Piloten bei der Versorgung Berlins mit Überlebensgütern aller Art über die Luftbrücke während der Sowjet-Blockade trug zu dieser Haltung bei. John F. Kennedy, der junge und charismatische Politiker, stand damals für dieses positive Amerika. Als ich am Abend des 22. November 1963 im Radio, das ich heimlich im Bett hörte, vom Tod Kennedys im texanischen Dallas erfuhr, stand ich sofort auf, um das meinen Eltern zu erzählen. Alle waren tief betroffen. Meine Sympathien für den „großen Bruder" erreichten einen Höhepunkt.

Doch schon bald änderte sich das Bild. Der Vietnam-Krieg und die grausamen Bilder von Napalm-Einsätzen der Amerikaner, die wir via TV in den Wohnzimmern zu sehen bekamen, zeigten erstmalig das hässliche Gesicht der USA. Meine Studienzeit ab 1971 in Hamburg war von Demonstrationen gegen den Vietnam-Krieg begleitet. 1979 bekam der Antiamerikanismus der jungen Generation in der Bundesrepublik einen weiteren Schub. Der NATO-Doppelbeschluss sah unter anderem die Stationierung von modernen US-Raketen mit sogenannten Marschflugkörpern vor, von denen einige mit atomaren Sprengköpfen ausgestattet sein sollten. Andererseits versorgt uns die Hollywood-Traumwelt mit bunten Bildern, und ausgehend von Elvis Presley, der Ende der fünfziger Jahre auch in Deutschland stationiert war, begeisterten uns der Rock'n Roll und andere Musikrichtungen wie etwa Jazz und Country Music. Amerika gibt sich selbst seither ein paradoxes Bild: Einerseits begeistert es durch kulturelle und wissenschaftliche Innovationen, andererseits zeigt es uns immer wieder die materialistische und imperialistische Kehrseite der Medaille.

Kennedy, mit damals 43 Lebensjahren immer noch der jüngste jemals ins Amt gewählte US-Präsident, galt, gerade auch zusammen mit seiner Frau Jacqueline Kennedy, als erster politischer Popstar. Aus historischer Sicht aber wird auch seine kurze Amtszeit widersprüchlich bewertet. Die Abschaffung der Rassentrennung zwischen der weißen und der afroamerikanischen Bevölkerung gilt als großer Verdienst, seine außenpolitische Rolle ist eher fragwürdig: Kennedy war 1961 für die gescheiterte Invasion der Schweinebucht auf Kuba verantwortlich, und er war es auch, der die ersten Napalm-Einsätze in Vietnam zu verantworten hatte. Seine besonnene Haltung nach der Kuba-Krise und die Entspannungspolitik gegenüber der Sowjetunion wiederum werfen ein positives Licht auf seine Präsidentschaft. Wenngleich nicht vergessen werden darf, dass es dem russischen U-Boot-Flottenkommandanten Wassili Archipov zu verdanken ist, dass die Kuba-Krise nicht in einem Atomkrieg endete.

Am 11. September 2001 erfuhr ich auf einer Klausursitzung der SPD-Landtagsfraktion in Schleswig-Holstein, der ich von 1996–2005 angehörte, durch TV-Aufnahmen von den Anschlägen der Al Kaida-Terroristen auf das World Trade Center in New York. Wir waren alle gleichsam paralysiert, in Gedanken und Gefühlen ganz nah bei den Amerikanern. Das aber änderte sich schnell wieder grundlegend. Die Präsidentschaft George W. Bushs jun. (von 2001 bis 2009) hat mein Verhältnis zu den USA wieder distanzierter werden lassen. Ein Präsident wie Donald Trump sprengt die Vorstellungswelt eines zivilisierten Menschen und gibt die USA der Lächerlichkeit preis, schafft aber auch Ängste.

Wir kennen Trump bereits aus seiner ersten Amtszeit. Was wir jetzt erleben müssen, aber stellt alles Vorstellbare in den Schatten. Trump stellt die US-amerikanische Politik auf den Kopf, etwa in der Außen- und Sicherheitspolitik. Er hat Europa, die Nato und die Ukraine verraten und sich Moskau zugewandt. Im Bereich der Innenpolitik regiert er wie ein gewählter Diktator. Er unterzeichnet ständig Dekrete, deren Verfassungskonformität zweifelhaft ist. Die Gerichte kommen nicht nach mit den vielen Klagen. Er ist völlig wirr, ändert ständig seine Politik. Eines ist sicher: Diese extrem nationalistischen Kräfte werden die Politik der USA noch lange begleiten. Die transatlantische Kooperation, wie wir sie aus den vergangenen 30 Jahren kannten, wird nicht wiederkommen. Europa muss sich daher geopolitisch diversifizieren.

Das Auf und Ab der deutsch-amerikanischen Beziehungen, vor allem aber der eigenen Gefühle und Einschätzungen gegenüber den Vereinigten Staaten, begleitet mich schon ein Leben lang. Wenn ich mit zunehmendem Alter dem Bedürfnis nachgehe, Erlebtes und Gefühltes zu hinterfragen, komme ich hinsichtlich meiner Einschätzung der USA zu einem ernüchternden und Besorgnis erregenden Ergebnis.

Die Amerikaner haben seit 1945 viele Kriege überall auf der Welt geführt. Die Menschheit hat nach Ende des Zweiten Weltkrieg weit mehr als 100 bewaffnete Konflikte erlebt. Sehr viele dieser Kriegshandlungen fanden mit aktiver Beteiligung der USA statt. In diesen Kriegen wurden mehr als 20 Millionen Menschen – davon rund 90 Prozent unschuldige Zivilisten – von US-Militärs und den jeweils verbündeten inländischen Armeen getötet.

Es steht seit dem CIA-Folterbericht des amerikanischen Senats 2014 fest, dass Gefangene der Amerikaner systematisch gefoltert wurden. Seit 2002 unterhält die US-Regierung ein Gefängnis auf Guantanamo, in dem Gefangene ohne richterliches Urteil Freiheitsentzug und Folter erdulden mussten. Inwieweit sich die CIA an die Anweisungen Barack Obamas gehalten hat, grausame Verhörmethoden nicht mehr anzuwenden, wissen wir nicht. Donald Trump will wieder „Feuer mit Feuer bekämpfen".

Es hat immer wieder gewaltsame Übergriffe und Tötungen durch die Amerikaner gegeben, die durchaus mit terroristischen Aktionen vergleichbar sind. Am 14. Oktober 2014 berichtet ein Leitartikel in der New York Times von einer Analyse der CIA, in der die großen terroristischen Operationen untersucht werden, die das Weiße Haus, auch unter der Präsidentschaft des Friedensnobelpreisträgers Barack Obama, hat durchführen lassen. Die USA unterstützten diktatorische Gewaltherrscher, die in Ungnade fielen, wenn sie eigene Wege gehen wollten, aber durch ebensolche Autokraten ersetzt wurden. Dabei folgt die Politik der USA und ihrer Verbündeten gegenüber Volksaufständen, wie etwa beim sogenannten Arabischen Frühling, den immer wieder gleichen Richtlinien: „Genehme Diktatoren müssen so lange unterstützt werden, wie sie die Kontrolle behalten (Beispiel: die großen Ölstaaten). Wenn das nicht mehr möglich ist, lass sie fallen und versuche, das alte Regime so vollständig wie möglich wiederherzustellen (etwa in Tunesien und Ägypten). Man kennt das allgemeine Muster aus vielen Ländern: Somoza, Marcos, Duvalier, Mobutu, Suharto und so fort."

Kann man diese Aktionen rechtfertigen? Wem nützt das Verhalten? Geht es wirklich darum, dass wir unsere Demokratie und Werte am Hindukusch verteidigen müssen, um den ehemaligen sozialdemokratischen Bundesverteidigungsminister Peter Struck zu zitieren? Oder gilt es in der politischen Kultur des Westens als selbstverständlich, dass die Führungsnation USA kriegerische und terroristische, allemal nicht rechtsstaatliche Methoden anwenden darf, um die Freiheit, die sie meinen, und den Wohlstand, an den wir uns gewöhnt haben, zu verteidigen? Geht es vielleicht im Wesentlichen um die Absicherung der amerikanischen transnationalen Unternehmen und die ihrer Verbündeten, darunter auch namhafte Rüstungsunternehmen? Eine Äußerung von Bundespräsident Horst Köhler in das Mikrofon eines Deutschlandradio-Reporters am Rande seines Truppenbesuchs im Mai 2010 in Afghanistan gesprochen, hat seinerzeit für große Aufregung gesorgt und letztlich zu Köhlers Rücktritt geführt: „Meine Einschätzung ist aber, dass wir insgesamt auf dem Wege sind, auch in der Breite der Gesellschaft zu verstehen, dass ein Land unserer Größe mit dieser Außenhandelsorientierung auch wissen muss, dass im Zweifel, im Notfall auch militärischer Einsatz notwendig ist, um unsere Interessen zu wahren, zum Beispiel freie Handelswege, zum Beispiel ganze regionale Instabilitäten zu verhindern, die mit Sicherheit dann auch auf unsere Chancen negativ zurückschlagen auf Handel, Arbeitsplätze und Einkommen. Alles das soll diskutiert werden und ich glaube, wir sind auf einem nicht so schlechten Weg." Die Opposition tobte, Frau Merkel distanzierte sich, Köhler zog vorschnell die Konsequenzen.

Ich kenne Horst Köhler aus regelmäßigen Gesprächen, zu denen er den Vorstand des Managerkreises der Friedrich-Ebert-Stiftung ins Schloss Bellevue einlud, aber auch von gelegentlichen zufälligen Treffen in Berlin. Er hat ein impulsives Temperament, und wenn man ihn lockt, gibt er seine Reserviertheit im Amte auf und spricht Klartext, was ihn mir immer sehr sympathisch gemacht hat. „Horst Köhler spricht Wahres und redet sich aus dem Amt", titelt ein Internetdienst. Der CDU-Außenexperte Ruprecht Polenz versuchte, Köhler in Schutz zu nehmen, und bestätigte ungewollt den Inhalt seiner Äußerung: „Ich glaube, der Bundespräsident hat sich etwas missverständlich ausgedrückt. Er hat keine neue Militärdoktrin für Deutschland verkünden wollen. Er hat deutlich machen wollen, dass Deutschland mit seinem Beitrag in Afghanistan einen Beitrag zur internationalen Sicherheit und Stabilität leistet. Deutschland hat ein Interesse am freien Zugang zu Rohstoffen. Dies steht aber in keinem Zusammenhang mit Militäreinsätzen." Ein Schuft, der Schlechtes dabei denkt.

William Blum, amerikanischer Publizist und Kenner amerikanischer Geheimoperationen, früher Mitarbeiter des State Departments, beschreibt in seinem eindrucksvollen Buch „Killing Hope" die globalen Operationen der CIA seit dem Zweiten Weltkrieg und entlarvt die vermeintlich positiven Gründe für militärische und terroristische weltweite Aktionen: „Hatte man nicht dem US-amerikanischen Volk fast ein halbes Jahrhundert beigebracht, dass der Kalte Krieg, aber auch der Korea-Krieg, der Vietnamkrieg, der riesige ‚Verteidigungshaushalt', all die Invasionen durch die USA und die Putsche und Umsturzversuche (...), dass all das nur dem Zweck diente, einer einzigen Bedrohung entgegenzuwirken, und zwar jener namens ‚Die Internationale Kommunistische Verschwörung' mit Hauptsitz in Moskau. Aber dann war die Sowjetunion auf einmal weg. Und der Warschauer Pakt war weg. Und die osteuropäischen Satellitenstaaten wurden unabhängig. Und aus den Kommunisten von ehedem wurden richtige Kapitalisten. Und in der Außenpolitik der USA änderte sich – einfach gar nichts. (...) Und während Russland seine Militärstützpunkte aus Zeiten des Kalten Krieges in Osteuropa, in Vietnam und auf Kuba schloss, eröffneten die USA neue Basen, in Nachfolgestaaten der UdSSR und anderswo. Während Russland seinen militärischen Horchposten in Lourdes auf Kuba aufgab, bauten die Vereinigten Staaten eine neue mächtige Abhörstation in Lettland, gleich an der russischen Grenze als Teil des weltweiten US-amerikanischen Systems zum Belauschen des Funkverkehrs." [27] Wie wir heute wissen, macht das Ausspähen und Abhören auch vor Freunden nicht halt. Wir erinnern uns an den NSA-Abhörskandal in Deutschland.

Für mich gibt es einen Zusammenhang zwischen der aggressiven Außenpolitik der Vereinigten Staaten und dem internationalen Terrorismus. Und auch mit den Millionen von Flüchtlingen, die ihre Heimat verlassen und bei der Flucht das Leben und das ihrer Kinder riskieren? Seit vielen Jahren bin ich der Ansicht: Wer seit Jahrzehnten in kriegerischen Auseinandersetzungen auf der gan-

---

27   Blum, William (6. Auflage 2016): Killing Hope. Zerstörung der Hoffnung, Zambon Verlag Frankfurt am Main, S. 752

zen Welt Millionen unschuldige Menschen tötet, muss sich nicht wundern, dass Wut und Hass der Überlebenden sich gegen ihn selbst richten. Und wer noch länger Menschen überall auf der Welt wirtschaftlich ausbeutet, darf nicht überrascht sein, wenn viele von ihnen sich auf den Weg machen in die gelobten Länder des Westens. „Dabei übersieht man, dass auch wirtschaftliches Gebaren und politisches Handeln Ausdruck von weltanschaulicher und letztlich religiöser Einstellung sind. Wer das Gesetz des ‚Survival of the Fittest' missachtet, wird die Wettbewerbsfähigkeit verlieren, wer sich nicht in dem ‚dynamisierten und komfort-animierten artifiziellen Weltinnenraum des Kapitals' zu bewegen weiß, geht unter im Weltmeer der Armut." [28] Diesen Zusammenhang zwischen amerikanischen Militäreinsätzen und der Bereitschaft, gegen die Amerikaner und ihre Verbündeten mit Hass und Gewalt zu reagieren, wird von den Verantwortlichen verdrängt. „Wie reagiere ich, wenn ich sehe, dass es in manchen islamischen Ländern bittersten Hass gegen Amerika gibt", fragt sich 2001 George W. Bush: „Ich will ihnen sagen, wie ich reagiere: Ich bin verblüfft, dass es dort solches Missverstehen über die Absichten unseres Landes gibt, dass Menschen uns hassen können. Ich bin wie die meisten Amerikaner, ich kann es einfach nicht glauben, weil ich weiß, wie gut wir sind." Dabei hat das amerikanische Verteidigungsministerium schon 1997 den Zusammenhang klar dargestellt: „Historische Daten zeigen ein starkes Abhängigkeitsverhältnis zwischen Einmischungen der USA in internationale Ereignisse und der Zunahme terroristischer Angriffe gegen die Vereinigten Staaten." [29] In Norddeutschland sagen wir: Das kommt von das.

---

28 Hans-Martin Barth zitiert in seinem Aufsatz „Globalisierung und Religion" auf http://luthertheologie.de/artikel/globalisierung-und-religion Peter Sloterdijk (2005): Im Weltinnenraum des Kapitals. Für eine philosophische Theorie der Globalisierung, suhrkamp taschenbuch, S. 306
29 US Department of Defence, Defence Science Board 1997 Summer Study Task Force on DOD Responses to Transnational Threats, October 1997, Final Report, Vol.

Michael Lüders, lange Jahre Nahost-Korrespondent der Wochen-zeitung *Die Zeit*, verdeutlicht den Zusammenhang zwischen militärischer Intervention und der Entstehung von Terrorismus:

„Die USA haben seit 2001 in sieben mehrheitlich muslimischen Ländern militärisch interveniert oder sie mit Drohnen angegriffen: Afghanistan, Irak, Somalia, den Jemen, Pakistan, Libyen, Syrien. In welchem dieser Staaten haben sich anschließend die Lebensbedingungen der Bewohner verbessert, zeichnen sich Stabilität und Sicherheit ab? Gibt es eine einzige militärische Intervention des Westens, die nicht Chaos, Diktatur, neue Gewalt zur Folge gehabt hätte? Mag jemand der folgenden Aussage widersprechen: Ohne den von den USA im Rahmen einer ‚Koalition der Willigen' herbeigeführten Sturz Saddam Husseins 2003 und der anschließenden Verheerung des irakischen Staates durch eine ignorante und auf Konfessionalismus ausgerichtete amerikanische Besatzungspolitik würde es heute den ‚Islamischen Staat' nicht geben?" [30]

Amerikanische Politiker leugnen diesen Zusammenhang mit Arroganz und Selbstgefälligkeit, die sprachlos machen. Ein eindrucksvolles Beispiel ist für mich die Aussage der damaligen US-Außenministerin Madeleine Albright am 2. Mai 1996 im Rahmen einer US-Nachrichtensendung:

„Wenn wir Gewalt anwenden, dann deswegen, weil wir Amerika sind! Wir sind die unverzichtbare Nation. Wir haben Größe, und wir blicken weiter in die Zukunft."

Ich möchte an dieser Stelle an die Rede von Papst Benedikt XVI. an der Universität Regensburg im September 2006 erinnern. Der Papst zitierte den gelehrten byzantinischen Kaiser Manuel II., der 1391 im Winterlager zu Ankara zu einem gebildeten Perser sagte: „Gott hat kein Gefallen am Blut, und nicht vernunftgemäß zu handeln, ist dem Wesen Gottes zuwider." Dieses Zitat löst 2006 einen

---

30   Michael Lüders, aaO, S. 112 f.

Sturm der Entrüstung in der muslimischen Welt aus, aber bezeichnenderweise zeigten sich auch die US-Geheimdienste beunruhigt. Das Regensburger Wochenblatt berichtete am 3. September 2016: „Die US-Geheimdienste hatten zahlreiche Depeschen an die US-Regierung gesandt, in der sie die Lage im Nahen Osten auch im Hinblick auf die ‚Regensburg Speech', wie sie in den CIA-Papieren heißt, bewerten. Man befürchtete einen vom Papst ausgelösten Flächenbrand."

Es liegt mir fern, mit dem Zeigefinger allein auf die USA zu weisen, die BRD ist ihr willfähriger Gefährte. „Das Ideal Washingtons ist der ‚delegierte Krieg'. Europäer und regionale Akteure, bis hin zu ‚guten Dschihadisten', übernehmen, gewissermaßen im Franchise-Verfahren, Ordnungsaufgaben im Sinne der USA. Deutsche Politik hat diese neue Arbeitsteilung bereitwillig angenommen, am sinnfälligsten zum Ausdruck gebracht in der Formulierung ‚mehr Verantwortung übernehmen' – eine rhetorische Chiffre für deutsche Militäreinsätze im Ausland, von Bundespräsident Gauck auf der Münchner Sicherheitskonferenz 2014 wirksam lanciert." Die aktuellen Forderungen von US-Präsident Trump sind die logische Folge rhetorischer Selbstverpflichtung: „Kurz nach seinem ersten Treffen mit Kanzlerin Angela Merkel hat US-Präsident Trump seine Forderung nach mehr Geld für die Verteidigung erneuert. Deutschland schulde der Nato und den USA ‚riesige Summen', erklärte Trump auf Twitter. Sein Land gewähre Deutschland eine mächtige und teure Verteidigung. Diese müsse bezahlt werden."[31] An dieser Einstellung hat sich auch in seiner zweiten Amtszeit nichts verändert.

Und auch im Ukraine-Krieg war die Haltung der US-Regierung schon unter Biden nicht nachvollziehbar. Es ist sicher versäumt worden, rechtzeitig einen Friedensvertrag auszuhandeln. US-Verteidigungsminister Lloyd Austin sagte, ein Ziel der Ukraine-Hilfe sei auch, Russland in einem Maße zu schwächen, „dass es dem Land unmöglich macht, zu tun, was es in der Ukraine mit der Invasion

---

31 Reuters Weltnachrichten am 18. März 2017

getan hat". Man darf aber auch sicher sein, dass die US-Regierung von den Lobbyisten ihrer Waffenindustrie belagert wird. Will man der Ukraine helfen, geht das nur auf dem Verhandlungswege. Friedensverhandlungen aber ohne die beteiligte Nation Ukraine sind wieder so ein verheerender Einfall Donald Trumps.

Die Herrschaft der Bürokraten

Noch etwas belastet unsere Demokratie erheblich. Wenn ich darauf hinweise, dass die Entdemokratisierung unserer Gesellschaft durch eine übermächtige Verwaltung entscheidend befördert wird und ich die Frage stelle, warum sich die deutsche Politik immer mehr im Inkrementalismus verfängt und keine ganzheitlichen politischen Entscheidungen und Konzepte mehr realisiert werden, geht es mir nicht nur um die Bürokratie, mit der wir es im Alltag zu tun haben. Die vordergründigen und nervenaufreibenden Probleme sind für viele von uns die immer wieder auszufüllenden Fragebögen, deren Aufbau und Inhalt oft schwer nachzuvollziehen sind, auch nicht der Beamte, der seine vom Verfassungsgeber als „dienende Funktion" beschriebene Aufgabe uminterpretiert in eine „demütigende Überhöhung des frustrierten Selbst". Diese Erscheinungsformen der Bürokratie sind schlimm genug und scheinen mit der Komplexität gesellschaftlicher Zusammenhänge ins Unermessliche zu wachsen.

Ein informativer Blick auf die Zahl der Beschäftigten im Öffentlichen Dienst in Deutschland zeigt: 2015 gab es 4,65 Millionen Beschäftigte im Öffentlichen Dienst, davon 1,67 Millionen Beamte. 2024 sind es 5,27 Millionen, davon 1,75 Millionen Beamte und Richter. Hinzu kommen 1.406.100 Pensionärinnen und Pensionäre des öffentlichen Dienstes nach dem deutschen Beamten- und Soldatenversorgungsrecht. Wie das Statistische Bundesamt (Destatis) mitteilt, waren das 0,8 % mehr als ein Jahr zuvor.

Mir geht es darüber hinaus aber um die Frage: Wer regiert uns eigentlich noch? Politiker und Politikerinnen, vom Volk gewählte Abgeordnete? Oder haben diese nicht längst das Primat des Handelns an die anderen Gewalten der Exekutive (Regierungen und Ministerialbürokratie) und Judikative (Gerichtsbarkeit) abgegeben? Als Politikwissenschaftler habe ich mich ab dem ersten Semester meines Studiums mit dem Soziologen Max Weber beschäftigt. Weber gilt als Pionier der Soziologie und der Kultur- und Sozialwissenschaften. Sein Vortrag „Politik als Beruf" indem er ein Plädoyer für eine Ethik der Verantwortung in der Politik hält, ist allen Politologen gegenwärtig. Im hier relevanten Kontext sind seine Ausführungen zum Wesen, den Voraussetzungen und der Entfaltung der bürokratischen Herrschaft von Bedeutung. Weber war grundsätzlich ein Verfechter einer straffen Verwaltung. Aber auch er sah das Machtinteresse der Bürokratie und den Zusammenhang mit einer Überforderung der politisch Verantwortlichen: „Die Beamtenschaft ist nicht auf den leicht auszumachenden Fall der Besetzung leitender Funktionen im Staat durch Angehörige der Bürokratie beschränkt, sie stellt sich jedes Mal gleichermaßen dann ein, wenn die Schwäche der eigentlich politischen Führung den Beamten die Entscheidung über die Richtlinien überlässt. (...) Zur Überlegenheit des Fachmannes gegenüber dem Amateur und erst recht dem Dilettanten kommt bei ihr noch die Praxis der Geheimhaltung hinzu. Die bürokratische Verwaltung zeichnet sich tendenziell durch den Ausschluss der Öffentlichkeit bei den behandelten Angelegenheiten aus." Dieser Art von Machtaneignung kann man sich Weber zufolge nicht leicht widersetzen. Er prognostiziert die Ausweitung der Bürokratie und beschreibt die Folgen aus der Vergangenheit:

> *„Jedes Mal dann, wenn eine bürokratische Verwaltung, wie in China oder im alten Ägypten, zu faktischer Alleinherrschaft gekommen war, ist sie nicht wieder verschwunden (...) außer mit dem völligen Untergang der ganzen Kultur, die sie trug."* [32]

In welcher Situation befinden wir uns heute? Wer regiert uns? Hat Max Weber recht?

Über 80 Prozent der im Bundestag beschlossenen Gesetze sind Regierungsvorlagen. Das hat praktische Gründe: In den

---

32 Max Weber (5.Auflage 1972): Wirtschaft und Gesellschaft, hrsg. von J. Wickelmann, J.C.B. Mohr Tübingen, S. 572

Bundesministerien und im Kanzleramt sitzen viele Fachleute. Insgesamt arbeiten dort laut *Frankfurter Allgemeinen Zeitung* mehr als 30.000 Angestellte und Beamte. Zum Vergleich: Die Bundestagsverwaltung zählt 2018 ca. 3.000 Mitarbeiter/innen, 2022 gab der Bundestag 3.200 an.

Der Deutsche Bundestag verwehrt dem einzelnen Abgeordneten ausdrücklich ein Initiativrecht und setzt dafür die Stärke einer Fraktion voraus.

Hinzu kommt, die Sprecher/innen für die einzelnen Politikbereiche, der an einer Regierung beteiligten Fraktionen greifen sehr häufig unreflektiert auf Material zurück, das ihnen von den jeweiligen Ministerien auf Anfrage überlassen wird, statt selbst Recherchen anzustellen. Diese Form der Kooperation führt häufig dazu, den Willen der Abgeordneten im Sinne der Verwaltung zu beeinflussen. Das war in meiner aktiven Zeit als Abgeordneter gang und gäbe. Der Verfassungsrechtler Hans Herbert von Arnim beklagt das Fehlen einer intakten Gewaltenteilung – also der Trennung zwischen vor allem der Regierung (Exekutive) und dem Parlament (Legislative) – in der parlamentarischen Demokratie der Bundesrepublik Deutschland:

> *„Hier steht die Parlamentsmehrheit, welche die Regierung gewählt hat und trägt, politisch auf der Seite der Exekutive und sieht ihre Aufgabe vor allem darin, sie zu stützen und gegen Angriffe der Opposition zu verteidigen. Sie ist ein Instrument der Machterhaltung und Machtausübung für die Regierung und deshalb außerstande, diese wirklich zu kontrollieren. Der Gewaltenmonismus kommt auch darin zum Ausdruck, dass Regierungsmitglieder und Parlamentarische Staatssekretäre Sitz und Stimme im Parlament haben können."* [33]

---

33 Hans Herbert von Arnim (3. Auflage 2008): Die Deutschlandakte, C. Bertelsmann Verlag München, S. 190 f.

Hinzukommt, dass es neben den Gesetzen ein Vielfaches an Richtlinien, Rechtsverordnungen und Verwaltungsvorschriften gibt, welche die Verwaltung ohne nennenswerte Mitwirkung der politisch gewählten Volksvertreter/innen entwirft und zur Wirkung bringt.

Zu diesem Prozess einer eher undemokratischen Gesetzgebung kommt eine weitere Gefahr hinzu: Die Ministerialbürokratie arbeitet im Gesetzgebungsprozess eng mit Interessenvertreter/innen, nämlich Repräsentanten von Konzernen zusammen. Die Politikwissenschaftler Wilhelm Hennis, Peter Graf Kielmannseck und Ulrich Matz beklagen schon 1977 die Einschränkung der Entscheidungsfreiheit der Politik durch Interessengruppen von außen und beschreiben den Lobbyismus als ein wesentliches Problem für die Regierbarkeit des Staates.[34] Diese Einflussnahme Außenstehender hat sich bis heute erheblich verstärkt, zumal immer schnellere Entwicklungszyklen die Inanspruchnahme des Know Hows von sachkundigen Unternehmensvertreter/innen die Arbeit erleichtern.

Die Bundeszentrale für Politische Bildung (bpb) fasst die Entwicklung in klaren Worten zusammen:

„Politik durchläuft einen Prozess der Bürokratisierung. Die Komplexität ihrer Aufgaben lässt sich durch Aufteilung in kleinere und damit überschaubare Projekte reduzieren, die dann durch den in den Ministerialbürokratien organisierten Sachverstand abgearbeitet werden. Die Ministerialbeamten, wie insgesamt das politische System, neigen zu einer Strategie der kleinen Schritte ('Inkrementalismus'). Von den Referenten ausgearbeitete Vorlagen, die den behördeninternen Hindernislauf überstanden haben, werden von der politischen Leitung der Ministerien lediglich im Hinblick auf ihre Vorgaben überprüft, doch eine Auswahl unter Alternativen erfolgt selten. Da die politische Führung des Ministeriums und insbesondere der Minister weit-

---

34 Hennis, Wilhelm; Graf Kielmannseck; Matz, Ulrich Herausgeber (1977): Regierbarkeit. Studien zu ihrer Problematisierung, Band 2, Klett-Cotta Stuttgart, S. 54

gehend durch politische Reparaturarbeiten und Profilierungs-
aktionen in Anspruch genommen werden, fallen die Zielvorgaben
für die Programmentwicklung in den Ministerialbürokratien oft
unklar aus." [35]

Weit dramatischer stellt sich die Situation im Bereich der Normen-
setzung durch die EU dar, weil Kommission und Ministerrat (Exekutive) im Dickicht inflationärer Interessenlagen und für Abgeordnete schier undurchdringlicher Komplexität eine dominierende
Stellung einnehmen.

Wie sieht es mit der Judikative aus? Das Bundesverfassungsgericht hat eine überragende Stellung im politischen System. Diese
Rolle verkennt, dass der verfassungsändernde oder der einfache
Gesetzes- und Verordnungsgeber die eigentliche Instanz legitimer
politischer Gestaltung ist. Die Befürchtung des Marsches in den
„Jurisdiktionsstaat" ist vielfach geäußert worden. Ein Gericht, das
immer wieder Gesetze aufhebt, vermag zudem als Vetospieler zu
politischen Blockaden beitragen und dort, wo es der Legislative
vorschreibt, wie ein Gesetz auszusehen habe, den Gesetzgeber
überspielen oder gar ersetzen. Allerdings muss eingeräumt werden, dass ein Verfassungsgericht, das von der Politik selbst zum
Allheilmittel eigener Unfähigkeit und mangelnden Respekts vor
parlamentarischen Entscheidungen auserkoren wurde, nichts anderes bleibt, als politische Zeichen zu setzen. Und wenn Entscheidungen des Bundesverfassungsgerichts wegen dessen Überpar-
teilichkeit dazu führen, dass sich Unmut in Parlamentsfraktionen
regt, dann ist das Gericht auf dem richtigen Weg. Der *Spiegel* berichtete im April 2014: „Ärger über liberale Urteile. CDU will Rechte
der Verfassungsrichter beschränken. (...) Aus Unmut über die jüngsten Urteile des Bundesverfassungsgerichts will die Führung der
CDU/CSU-Fraktion im Bundestag künftig stärker auf die Auswahl

---

35 http://www.bpb.de/nachschlagen/lexika/handwoerterbuch-politisches-
    system

von Kandidaten für die Richterposten achten." [36] Entsprechende Überlegungen teilten nach *Spiegel*-Informationen konservative Unionsabgeordnete um den ehemaligen Fraktionschef Kauder (CDU) (...) bei einem Treffen des Xantener Kreises an.

---

36 https://www.spiegel.de/politik/deutschland/cdu-will-rechte-des-
bundesverfassungsgerichts-beschränken-a-962804.html

Das Nebenstrafrecht

An dieser Stelle lohnt es sich, einmal das sogenannte Nebenstrafrecht genauer zu betrachten. Mit Sicherheit haben die meisten Bürgerinnen und Bürger noch nie etwas davon gehört. Der renommierte Kieler Strafverteidiger Gerald Goecke sagt in einem Interview mit dem Verfasser: „Mit großer Sorge nehme ich zur Kenntnis, dass das Strafrecht immer mehr verkommen ist zu einem Instrument der Alltagspolitik. Der Staat beschränkt sich seit langem nicht mehr darauf, das Strafrecht als sein schärfstes Schwert nur dort zu schwingen, wo es für das gedeihliche Zusammenleben in einer Gesellschaft unabdingbar ist. Stattdessen wurde eine nicht mehr überschaubare Menge an Straftatbeständen jenseits des Strafgesetzbuches im sogenannten Nebenstrafrecht geschaffen, die jeden Bereich unseres wirtschaftlichen und gesellschaftlichen Lebens in ein strafrechtlich vermintes Gelände verwandelt hat. Da kaum noch ein Mensch durchblickt, welches Tun oder Unterlassen mit diesen zum Teil kompliziertesten Tatbeständen unter Strafe gestellt werden soll, hat das Bundesverfassungsgericht bereits einen dieser Straftatbestände aus dem Nebenstrafrecht für verfassungswidrig erklärt, weil er gegen das sogenannte Bestimmtheitsgebot verstößt und die Grenzziehung hin zur Strafbarkeit nicht mehr vom Gesetzgeber selbst erfolgt ist, sondern in die Hand der Bürokratie gelegt wurde. Der Gesetzgeber hat zahlreiche sogenannte Blankett Straftatbestände geschaffen, die vom Verordnungsgeber, also der Bürokratie, ausgefüllt werden.

Der Katalog der Gesetze des Nebenstrafrechts umfasst 93 Gesetze, in der Abgabenordnung, im Arbeitszeitgesetz, im Betriebsverfassungsgesetz, in der Gewerbeordnung, im Handelsgesetzbuch und im Straßenverkehrsgesetz. Das Problem ist, dass selbst der kundige Laie auch nach gehöriger Anstrengung nicht mehr abschätzen kann, welches Verhalten unter Strafe steht und welches nicht. Hier hat die Strafgesetzgebung in den letzten Jahren in ihrer Qualität einen Besorgnis erregenden Niedergang erfahren. Das staatliche Bedürfnis, möglichst jeden Bereich des Lebens strafbewehrt zu normieren, hat in einer Wiese überhandgenommen, dass die Verfassungsmäßigkeit der daraus erwachsenen Tatbestände auf dem Prüfstand des Bundesverfassungsgerichtes steht."

Goecke weist zu Recht darauf hin, dass die Akzeptanz des Strafrechts insgesamt leidet, wenn kein Bürger mehr erfassen kann, wofür ihm Schuldfeststellung und Strafe drohen.

Die skizzierte strukturelle Übermacht der Verwaltung und Regierungsorgane und ihre fachspezifische inhaltliche Überlegenheit hinsichtlich komplexer politischer Sachverhalte lässt deutlich werden, wie wenig Gestaltungs- und Durchsetzungsspielraum bleibt für Politikkonzepte, die Strukturen überwinden und ganzheitlich wie nachhaltige Strategien zur Diskussion stellen und durchsetzen wollen.

Weltumspannende Lösungen zur Überwindung des Klimawandels, der Kampf gegen den internationalen Terrorismus, die Beseitigung der Gründe für Flucht und Vertreibung, Strategien gegen erstarkenden Nationalismus, Manipulation und milieubezogene Selbstreferenzialität in fragmentierten digitalen Öffentlichkeiten und die Überwindung des Paradigmas ungezügelten Wachstums erfordern neue und mutige politische Konzepte. Bündnisverpflichtungen ebenso wie Strukturen des Kapitalismus werden überwunden oder dramatisch korrigiert werden müssen. Dazu sehe ich unsere heutigen Demokratie- und Machtstrukturen außerstande.

Unser Land ist überreglementiert, das Verhältnis zwischen politischen Repräsentanten und der Exekutive ins Ungleichgewicht geraten. Diese Entwicklung führt zu einem überbordenden Aufwand im wirtschaftlichen und persönlichen Leben (immer mehr Behördenvorgänge, ein Wirrwarr an Formularen, Zuarbeit für Statistiken usw.), deren Anforderungen der juristisch nicht versierte Mensch nicht übersehen kann, da Verwaltungshandeln oft fernab der Realität von Betroffenen stattfindet.

Hier muss die SPD mit vielfältigen Initiativen für die Bevölkerung zur Speerspitze der Entbürokratisierung werden, ein Grund für viele, sie dann zu wählen.

Wissen und Wertschöpfung

Es sind in der sogenannten westlichen Welt schon lange nicht mehr die Armmuskeln, auf die es ankommt, um im Berufsleben erfolgreich zu sein, sondern die Köpfe. Wenngleich ich so manchen Studierenden geraten habe, ein Handwerk zu erlernen, denn da würden Menschen gebraucht, schlechte Akademiker hätten wir genug. Der spanische Soziologe Manuel Castells aber spricht von „Strömen", in denen man nur mitschwimmen könne, wer gebildet und qualifiziert ist. Eine gute Bildung wird daher als Hebel zu Teilhabe und Emanzipation gesehen. Ist aber auch in nichtakademischen Berufen mehr als sinnvoll.

Hochschulen sehen sich in verstärktem Maße mit den Funktionsbedingungen des Kapitalismus konfrontiert: Bildung zielt auf Marktfähigkeit ab. Wie ist das Verhältnis von Kapitalismus und Marktfähigkeit? In der fortschrittsoptimistischen Analysekategorie spricht man von einer neuen Gestaltbarkeit sozialer Strukturen, in der pessimistischen von einer Verschleierung bestehender Herrschafts- und Ungleichheitsstrukturen. Kritiker eint die These, dass die Wissensgesellschaft die Industriegesellschaft nicht abgelöst hat – im Gegenteil. Der österreichische Philosoph Konrad Paul Lissmann schreibt:

> „Unter dieser Perspektive wird schnell klar, dass gegenwärtig nicht die Wissensgesellschaft die Industriegesellschaft ablöst, sondern umgekehrt das Wissen in einem rasanten Tempo industrialisiert wird. Der ‚Wissensarbeiter' entpuppt sich als Phänotyp eines Wandels, der nicht dem Prinzip des Wissens, sondern dem der industriellen Arbeit gehorcht. Es ist nicht der Arbeiter, der zum Wissenden, sondern der Wissende, der zum Arbeiter wird." [37]

---

37 Konrad Paul Lissmann (2006): Theorie der Unbildung. Die Irrtümer der Wissensgesellschaf, Büchergilde Gutenberg Frankfurt am Main, S 40 ff.

Moderne Gesellschaften haben den Anspruch, ein wissenschaftliches Verfahren entwickelt zu haben, das die Gewinnung und Vermittlung eines intersubjektiv überprüfbaren Wissens darstellt. Das „wissenschaftliche Wissen" hat zunächst die Vermutung von Objektivität auf seiner Seite. Allerdings hat uns die „Verwissenschaftlichung" der Welt nicht vor Absurditäten des Alltags und Unsinnigkeiten der Politik bewahrt. Forschung und Innovation sind noch kein Grund, von einer Wissensgesellschaft zu sprechen. Zum einen ist die begründende Vernunft als Maßstab nur in Teilen der Gesellschaft existent, z. B. in einigen Forschungsinstituten. Zu anderen werden weder die Wissenschaftler/innen zu einer dominierenden sozialen Schicht, noch die wissenschaftliche Realität zu einer den Alltag bestimmenden Denkweise. Kritiker stemmen sich gegen „die Kapitalisierung des Wissens als käufliche Ware". An Fachhochschulen, aber auch an Universitäten spielt die Auftragsforschung heute in vielen Disziplinen eine bedeutende Rolle. Es wird bereits die Höhe der eingeworbenen Drittmittel als Indikator für die wissenschaftliche Leistungsfähigkeit eines Professors, einer Professorin, eines Instituts oder einer ganzen Hochschule gewertet. Ich halte es zwar für legitim, konkrete Probleme Betroffener und Auftraggeber zu analysieren und nach Lösungen zu suchen. Es darf aber nicht außer Acht gelassen werden, dass Hochschulen Bildungseinrichtungen sind. Alle Studierenden müssen in ihrem Studium Kompetenzen erwerben, die sich nicht nur auf die Kenntnisse von Sachverhalten und Zusammenhängen beschränken dürfen, es geht immer auch um Methoden und Arbeitsweisen. Vor allem aber um kritische Unabhängigkeit und ethische Denk- und Handlungsprämissen, die eine Verantwortung für das gesamte Gemeinwesen im Fokus haben und nicht allein Marktmechanismen folgen. Wird dieser Auftrag ernst genommen, können Hochschulen als wesentlicher Teil der Wissensgesellschaft vielleicht sogar den informationellen Kapitalismus in Ansätzen therapieren, in dem sie junge Menschen ausbilden, die Profitmaximierung immer auch mit gesellschaftlichen Anforderungen und Wirkungszusammenhängen abzugleichen bereit sind. Nur so können Hochschulen dafür sorgen, dass junge Wissenschaftler/innen nicht zu Handlangern von Einzel- und Firmeninteressen verkommen.

Schließlich bleibt die Frage, wie und in welchem Umfang digitale Instrumente Bildung und Weiterbildung zukünftig unsere Gesellschaft prägen werden? Das Bildungssystem wird sich radikal ändern. Der Zugang zu Wissen ist weltweit möglich. Offene Online-Kurse der bedeutendsten Universitäten, Hochschulen und Bildungseinrichtungen machen das Lernen von den Besten schon heute möglich. Darüber hinaus ist das Vermitteln von Wissen über digitale Instrumente sehr viel effektiver als im Hörsaal mittels Frontalunterrichts. Bewegte Bilder, die Visualisierung von Inhalten, Animation und Simulation, die interaktive Beeinflussung von Lernintensität und Lerngeschwindigkeit, das spielerische Erleben alternativer Lösungswege, die zu Erfolg oder Misserfolg führen, all das und vieles mehr macht Lernen lebendiger, individueller und nachhaltiger. Digitale Lernangebote erlauben „maßgeschneidertes Lernen". Durch Digitalisierung ist personalisiertes Lernen bezahlbar und könnte auch Kindern aus bildungsfernen Familien die Chance geben, den Aufstieg zu schaffen.

In diesem Zusammenhang darf nicht vergessen werden, dass im Norden 20 Prozent der Weltbevölkerung mehr als 90 Prozent des Wissens erarbeiten, während die restlichen 80 Prozent weniger als 10 Prozent dazu beitragen. Der Anteil an der Wissensproduktion schlägt sich unmittelbar im Wohlstand der Bevölkerung nieder. Die reichsten 20 Prozent haben einen Anteil von 85 Prozent am weltweiten Einkommen. Und: „Neue Zugangsformen zu Wissensquellen könnten in den sogenannten Entwicklungsländern die nachhaltigsten Effekte haben." [38]

An unseren Hochschulen, davon bin ich überzeugt, werden in kaum mehr als zehn Jahren kaum noch Vorlesungen gehalten wer-

---

38 Michel Serres (2002): Der Mensch ohne Fähigkeiten. Über die neuen Technologien und die Ökonomie des Vergessens in: Transit Nr. 22, S. 193–206,

den. Die Präsenzlehre vor Ort wird zunehmend ergänzt und ersetzt durch Online-Kurse, bei denen die Studierenden nicht mehr in der Hochschule anwesend sein müssen. Die Professorinnen und Professoren, Lehrende im Allgemeinen, werden sich mehr um die Betreuung der Lernenden kümmern können, Wege weisen, Erfahrungen vermitteln und Studierende sehr viel intensiver in Forschungs- und Entwicklungsarbeiten und Projekte integrieren können. Eine allemal positive Aussicht. Lehrende und Lernende werden aber auch dabei zu Objekten von Algorithmen und hinterlassen im Netz unauslöschliche Spuren. Hier können und müssen die Schulen und Hochschulen Gate-Keeping-Funktionen übernehmen, Informationen auf Relevanz prüfen und den Datenverkehr sichern.

Der Lüneburger IT-Professor Thomas Gegenhuber stellt nicht nur die klassische Einstiegsvorlesung zur Disposition: „Es gibt hervorragende digitale Möglichkeiten, Wissen zu vermitteln und spielerisch zu repetieren, die werden sich durchsetzen. Aber in Seminaren und in der Laborarbeit, in der Forschung ohnedies, bleibt der Dozent unentbehrlich. Die Vermittlung persönlicher Einschätzungen aus Erfahrungen, Formen des wissenschaftlichen Arbeitens bis hin zur Frage, wie schaffe ich ein Gruppengefühl in der Kohorte, sind Aufgaben von Lehrern." [39] Die Möglichkeit des Einsatzes künstlicher Intelligenz bei Haus- und Examensarbeiten wird Klausur und mündliche Prüfung revitalisieren.

In Deutschland sehen viele durch diese Entwicklung das Humboldt'sche Bildungsideal, das Wissensmonopol öffentlicher Bildungseinrichtungen und die staatliche Regulierungshoheit in Gefahr. Dazu kann ich nur sagen: Es hat noch niemand technologische Veränderungen aufhalten können. Wer nicht abgehängt werden will, muss aktiv mitgestalten.

Um die Nebenwirkungen des Digitalen in geordnete Bahnen zu lenken, werden die politisch Verantwortlichen nicht umhinkommen,

---

39 Thomas Gegenhuber im Gespräch mit dem Verfasser

sich gegen die Interessen der internationalen Medienmacht zur Wehr zu setzen. Ob man einer Politiker-Generation, die nicht einmal in der Lage war, für einen fairen Interessenausgleich zwischen kriminellen deutschen Autoherstellern und durch sie geschädigte Eigentümer von Dieselfahrzeugen zu sorgen, zutrauen kann, die bedeutendsten Medienkonzerne der Welt in die Schranken zu weisen, darf keinesfalls als sicher betrachtet werden. Die Erfahrungen sprechen für ein Versagen unserer Eliten in Wirtschaft und Politik, aber leider auch in der Wissenschaft.

Es geht in Erziehung, Aus- und Weiterbildung nicht nur um Wissensvermittlung, jede und jeder braucht auch soziale Intelligenz, Empathie, ohne die ich nicht verantwortungsbewusst handeln kann.

Ich möchte diese Ausführungen zu Wissen und Wertschöpfung mit einem Zitat des Zukunftsinstituts schließen:

„Unsere Maschinen sind intelligent geworden: Anstatt bloß Dinge herzustellen, beantworten sie Fragen. Gebraucht werden jetzt Menschen, die die richtigen Fragen stellen, also die Maschine an die entsprechenden Bedürfnisse anpassen können. Ein „Universalgelehrter" ist heute also nicht mehr jemand, der alles weiß, sondern jemand, der mit Wissen und Nichtwissen souverän umgehen kann. Zwei Skills sind dafür elementar wichtig: Kreativität und die Fähigkeit, Kontexte herzustellen. (...)

Kreativität bedeutet spontane Problemlösungskompetenz, also die Fähigkeit, mit Situationen umzugehen, die in dieser Form zum ersten Mal auftreten. Im Gegensatz zu Menschen sind Computer programmiert; das heißt, sie können eigentlich nur mit Situationen umgehen, auf die der Programmierer sie vorbereitet hat. Menschen sind nicht programmierbar, und in einer unberechenbaren Welt sind ihre originellen Ideen gefragter denn je. Diese Ideen nehmen einen immer größeren Teil der Wertschöpfung einer Volkswirtschaft ein. Bildung bedeutet in der Kreativ-Ökonomie also immer auch die Förderung individueller Talente. (...)

Auch die Fähigkeit zur Empathie, also des geistigen Sich-Hinein-versetzens in einen anderen Menschen, ist ein Skill, das auch auf dem Arbeitsmarkt der Zukunft nicht durch Automatisierungs-prozesse ersetzt werden kann. Dadurch steigt es im Wert – und wird zu einem wirtschaftlich lohnenden Bildungsziel; ganz abgesehen davon, wie wünschenswert diese Fähigkeit ist. [40]

---

40 https://www.zukunftsinstitut.de/zukunftsthemen/bildung-im-zeitalter-der-wissensexplosion?utm_term=&utm_campaign=Brand+%7C+Studien+(Search)&utm_source=adwords&utm_medium=ppc&hsa_acc=9538789204&hsa_cam=15972226977&hsa_grp=134191746644&hsa_ad=576458954099&hsa_src=g&hsa_tgt=dsa-1597007813453&hsa_kw=&hsa_mt=&hsa_net=adwords&hsa_ver=3&gad_source=1&gclid=Cj0KCQjwnui_BhDIARIsAEo9GuszfAw5tmo5W5H2576ye3vpjjS_vezT1BDnPIbz08zpYWIfYmBc07caArYUEALw_wcB

Die Vision einer humanen Gesellschaft

In den westlichen Gesellschaften sind die Ungleichheiten an Wohlstand, an öffentlicher Macht, aber auch an sozialer Wertschätzung so stark ausgeprägt, dass die Menschen sich nicht mehr als Bürger wahrnehmen, die ein gemeinsames Projekt verfolgen, über das sie miteinander öffentlich streiten. Sie nehmen sich nicht mehr als politisch handlungsfähig wahr. Sie wenden sich daher zu einem großen Teil Heilsversprechern zu, die mit ihren menschenverachtenden Zielen Freiheit und Demokratie vernichten wollen.

Man kann sich des Eindrucks nicht erwehren, dass sich zu viele Zeitgenossen als leeres Behältnis wahrnehmen, das nur mit gut bezahlten Jobs, möglichst vielen Besitztümern, belangloser Kommunikation und positiven Emotionen gefüllt werden muss, um sich glücklich zu fühlen. Irgendwann aber geht es nicht mehr um die Leistungsbilanz, sondern um die Lebensbilanz. Die Ernüchterung kommt, wenn sich die eigenen Kinder von ihnen abwenden, wenn sie spüren, keine wirklichen Freunde zu haben, wenn sie wahrnehmen, nichts erreicht zu haben, was nachhaltig Anerkennung findet und bleibt oder im Alter Einsamkeit zu innerer Leere führt. „Wer nur die Fülle will, verzichtet darauf, ein Mensch zu sein. Und da er doch kein Wesen der Fülle ist, sondern des Mangels und des Sinnes, sehnt er sich nach einem Sinn, den er selbst unmöglich gemacht hat, und behauptet, diese Welt sei sinnlos." [41]

Die Possenreißer beherrschen die Bühne. Wir müssen den Erfolg neu definieren. Erfolg darf nicht mehr am Einkommen gemessen werden, die größte Achtung muss die oder der erfahren, die nicht

---

41 Jeanne Hersch (1990): Der Sinn für den Sinn in: Hans-Jürgen Schultz: Was der Mensch braucht. Über die Kunst zu leben, dtv, München, S. 208

ausschließlich für sich selbst handeln, sondern deren Verhalten auch für möglichst viele andere einen Sinn macht. Wir müssen die Solidarität ins 21. Jahrhundert transformieren. Ihr sagt, das wird nicht gelingen, das ist eine Illusion.

Das müssen und können wir erreichen. Die unzähligen Medien machen es möglich, wenn wir uns ihrer bedienen. Und der Boden, auf dem dieser Vision Geltung verschaffen wollen, ist durchaus fruchtbar:

- Immer mehr Menschen sehen ein, dass wir mit der Ausbeutung der Ressourcen an unsere Grenzen gekommen sind.

- Die Menschen suchen wieder das Natürliche. Wochen- und Bauernmärkte erfahren zum Beispiel eine Renaissance. Die Menschen wollen wissen, woher ihre Nahrungsmittel kommen und wofür sie gut sind. Da bleiben die Mitarbeiter/innen in den großen Filialbetrieben jede Antwort schuldig.

- Es geht vielen Start-ups inzwischen nicht mehr nur um den eigenen Profit, es geht vielen von ihnen um das WIE von Angeboten und Leistungen. Junge kreative Unternehmer/innen wissen um die Notwendigkeit nachhaltigen Handelns sowohl in wirtschaftlicher, ökologischer, aber auch in sozialer Ausprägung. Das Ziel ihrer unternehmerischen Tätigkeit ist es, Umwelt, Gesellschaft und Wirtschaft in Balance zu bringen.

- In den letzten Jahren hat sich das Interesse an nachhaltigen Investments spürbar erhöht. Lange Zeit wurde diese als Nischenmarkt bezeichnet, doch mittlerweile haben sie sich als fester Bestandteil der globalen Finanzlandschaft etabliert. Der Anstieg ist nicht nur auf das wachsende Umweltbewusstsein zurückzuführen, sondern auch auf die Erkenntnis, dass nachhaltige Investments wirtschaftlichen Wert schaffen können.

- Aktuelle Studien zeigen, dass auch in Zeiten vielfältiger Krisen Umwelt- und Klimathemen stark im gesellschaftlichen Bewusstsein verankert sind. So spürt beispielsweise die überwiegende Mehrheit die Folgen des Klimawandels bereits deutlich und hält Maßnahmen zur Anpassung für erforderlich.

Unsere Menschen brauchen wieder eine positive Vision, eine Partei, die ihnen den Weg in eine bessere Zukunft weist. Die Menschen sind es leid, ständig nur mit Berichten über Streitigkeiten ums Kleinklein der Regierungswirklichkeit belästigt zu werden. Sie wollen mitgenommen werden auf einem sinnvollen Weg in die Zukunft und Fragen beantwortet bekommen, wie eine Welt aussehen kann in Bezug auf Krieg und Frieden, wie ein geregeltes Einkommen in 10–20 Jahren erzielt werden kann mit guter Arbeit. Das muss die SPD leisten.

Was die SPD tun muss, um zu überleben

Das Personal wechseln

Inzwischen wird deutlich, was Lars Klingbeil mit dem „Generationenwechsel" in der SPD gemeint haben könnte. Der 47 Jahre alte SPD-Vorsitzende ist bislang als der neue starke Mann der SPD in Erscheinung getreten. Bislang gibt es nur ein Opfer nach der historischen Pleite der SPD bei der Bundestagswahl, nämlich Rolf Mützenich, der seinen Stuhl räumen musste, weil Lars Klingbeil diese wichtige Position für sich einforderte. Vielleicht hat er sich zum Fraktionsvorsitzenden wählen lassen, weil er vermutet, dass der Parteitag Ende Juni ihn nicht mehr erneut zum Parteivorsitzenden wählen wird. Und in der Tat: Nach so einem blamablen Bundestagswahlergebnis, das die SPD an den Rand ihres Ruins gebracht hat, muss es einen großen personellen Umbau an der Spitze geben. In der Zeit Klingbeil/Esken konnte der Profillosigkeit der SPD in keiner Weise entgegengewirkt werden. Die Kommunikation war verheerend. Es dann nicht verhindert zu haben, dass der gescheiterte Bundeskanzler wieder antritt, ist Versagen auf ganzer Linie.

Es muss einen klaren Schnitt geben. Neue jüngere Politiker/innen mit neuen Ideen, vor allem aber mit der Fähigkeit, ihre Visionen und Ziele für eine breite Masse mit Ausstrahlung verständlich zu kommunizieren, müssen den Neuanfang überzeugend darstellen. Wenn diese Notwendigkeit verschlafen wird, weil Genossinnen und Genossen trotz ihres Versagens an ihren Posten kleben und der nächste ordentliche Parteitag im Juni so ein Desaster nicht korrigiert, ist die SPD zur Bedeutungslosigkeit verdammt. Die erforderliche, aber ungewollte Koalition wird wieder die SPD in einem profillosen Licht erscheinen lassen, wie schon in allen Großen Koalitionen. Unsere Kommunikation würde vor allem die jungen

Menschen nicht erreichen, 12% der Jungen haben uns nur noch gewählt. Einen personellen Wechsel wollen sicher auch unsere Mitglieder. Mit wem man auch spricht, alle wollen den personellen Neuanfang. Um es mit Hubertus Heil zu sagen:

„Keine Organisation kann auf Dauer überleben, wenn das Führungsverhalten die Bewusstseinslage der Basis nicht widerspiegelt." [42]

Ich bin der Überzeugung, dass die Parteitagsdelegierten im Juni eine entsprechende Lösung finden werden. Es braucht die Trennung der Parteispitze von den sozialdemokratischen Regierungsmitgliedern, um glaubwürdig unsere sozialdemokratischen Werte einer auf Kompromiss ausgerichteten und unseren Werten zum Teil widersprechenden Regierungspolitik (Dobrindt!) gegenüberzustellen. Das können Regierungsmitglieder nicht leisten, weil es die Koalitionsdisziplin nicht zulässt.

Der Kapitalismus muss ethisch und politisch gebremst werden

Erst nach der politischen Revolution von 1989/90 wurde deutlich, was Kapitalismus wirklich bedeutet. Westliche Regierungen, insbesondere die USA und Großbritannien, nutzten die Überwindung des real existierenden Sozialismus, um den ungebändigten Kapitalismus über die ganze Welt zu verbreiten. Begrenzungen für das Kapital wurden abgebaut, was das Finanzsystem und die Weltwirtschaft veränderten. Die Liberalisierung der Finanzmärkte entfesselte den globalen Kapitalismus, dessen Triebkräfte explodierten. Den westlichen Industrieländern – aber bald auch China, Russland und anderen Schwellenländern – ging es noch stärker darum, die Chancen ihrer Exporteure auf dem Marktplatz namens

---

42 Hubertus Heil und Carsten Stender (2013): Neue Ansätze für eine zukünftige SPD, in: Felix Reibestein et al: Die Zukunft der SPD. Erfolge und Misserfolge einer Volkspartei, Science Factory, S. 105

Welt zu erhöhen und das Kapital über die Welt schwärmen zu lassen, um die Wortwahl des spanischen Soziologen Manuel Castells aufzugreifen, um den heimischen Lebensstandard zu verbessern. Der bekannteste Kritiker der entgrenzten Finanzmärkte war Papst Franziskus, der in seiner Enzyklika Laudato si von 2015 eine „Unterwerfung der Politik unter die Technologie und das Finanzwesen" konstatierte (LS 54) und folgerte, dass die „Finanzen die Realwirtschaft" ersticken (LS 109). Der Papst stand der Bankenrettung nach der Finanzkrise von 2007/8 äußerst skeptisch gegenüber:

„Die Rettung der Banken um jeden Preis, indem man die Kosten dafür der Bevölkerung aufbürdete, ohne den festen Entschluss, das gesamte System zu überprüfen und zu reformieren, unterstützt eine absolute Herrschaft der Finanzen, die keine Zukunft besitzt." (LS 189)

Franziskus forderte einen ideologischen Perspektivwechsel. Nicht mehr der sog. Markt und der sog. Fortschritt sollen im Zentrum der Aufmerksamkeit stehen, sondern eine ganzheitliche Perspektive auf den Menschen, die Umwelt und die Wirtschaft.

Der aktuelle Kapitalismus befindet sich in der doppelten Krise des nachlassenden Wachstums einerseits und der ökologischen Herausforderungen andererseits. Es kann nicht mehr so weitergehen. Wir benötigen eine Orientierung auf eine neue Zukunft hin, eine neue Erzählung, die aus einem offenen Diskurs entsteht und uns Hoffnung gibt. Ein Traum ist eine Metapher für eine befreiende politische Vision. Vielleicht ist nicht alles realistisch, aber doch gibt es den Begriff der „realen Utopie". Er stammt von dem amerikanischen Kapitalismustheoretiker Erik O. Wright und bezieht sich auf Möglichkeiten der gesellschaftlichen (antikapitalistischen) Transformation. [43]

In dem Traum, den viele Menschen träumen, geht es um völlig an-

---

43 Wright, Erik Olin (2017): Reale Utopien. Wege aus dem Kapitalismus, Suhrkamp Berlin

dere Denkweisen, um neue politische Kategorien. Wir benötigen eine Sicht auf die Welt, welche die ökologische und soziale Destruktivität in der Gesellschaft deutlicher macht als bisher. Die großen strategischen Vorschläge des 20. Jahrhunderts, wie auf die Übel des Kapitalismus zu reagieren sei, sind für die meisten Menschen nicht mehr überzeugend. Doch die Herausforderung bleibt bestehen. Es geht darum, die Folgen unseres Handelns aufzuzeigen, in Zusammenhängen zu denken und für unser Handeln Verantwortung zu übernehmen. Dies bedeutet ein anderes Verständnis von Wachstum, also den Verzicht auf übermäßigen Konsum und das Einhalten des ethischen Gebots des Maßhaltens. Es geht aber auch um eine an Nachhaltigkeit und Qualität, also nicht um eine am schnellen Verschleiß orientierte Produktion.

Es geht dabei stets auch um eine gewisse Geisteshaltung. Vor allem der Begriff Glück hat in den letzten Jahren eine verblüffende Aufmerksamkeit erfahren, in aller Regel im Zusammenhang mit den Zwängen des Kapitalismus, denen man zu entgehen sucht. Man ist also auf der Suche nach einer neuen sinnstiftenden Lebensform. Ich halte diesen Ansatz für vielversprechend, weil endlich ein neues Denken in unsere materialistische Gesellschaft Einzug hält. Die Diskrepanz zwischen der (brutalen) Realität und dem Traum ist mir bewusst, aber aus dieser Diskrepanz wächst die Veränderung.

Das größte Problem des ungehinderten Kapitalismus ist die Monopolisierung des Kapitals und der Produktionskräfte. Unternehmen werden zu „systemimmanenten multinationalen Konzernen", an deren Interessen vorbei die Exekutive (Regierungen und Verwaltungen) nicht mehr entscheidet. Wie fragwürdig die Systemimmanenz ist, hat sich während der Corona-Pandemie gezeigt. Jetzt waren die Kassiererinnen im Lebensmitteleinzelhandel, die Busfahrerinnen, die Altenpfleger und Krankenschwestern systemimmanent, die Unternehmen waren „gelockt", wie es so schön hieß.

Aber die an konstruierten und gewohnten „Gesetzmäßigkeiten" ausgerichtete Kollaboration von exekutiver Politik und Großunternehmen verhindert den längst überfälligen Wandel. Die Systemimmanenz und die damit stets verbundene Arbeitsplatzfrage beruhigt immer wieder das vorhandene schlechte Gewissen in Bezug auf Ungleichheit und Armut.

Hinzu kommt die Abstraktion des Geldes. Das abstrakte Geld steht im Zentrum der Ökonomie. Es hat „in der Moderne alle Züge einer metaphysischen Potenz angenommen: Als am Anfang und am Ende aller (in den ökonomischen Kreislauf einbezogenen Elemente stehendes, alles mit allem in Beziehung setzendes, absolut Relativierendes ist das moderne Geld als Papiergeld und in seiner gesteigerten Form als abstrakte Computer-Zahl zum Gott der Moderne aufgestiegen." [44] Mit anderen Worten: Es dreht sich alles ums Geld, Geld ist zum Fetisch geworden. Im Kapitalismus ist der Exzess zum System verkommen, das grenzenlose geldwirtschaftliche Wachstum ist das Ziel.

„In der heutigen Form dient die Wirtschaft nicht der Befriedigung menschlicher Bedürfnisse, sie ist säkular geheiligter Selbstzweck und in ihren Wesenszügen der Maßlosigkeit und egozentrischen Vorteilsorientierung die Fortsetzung des Krieges mit anderen Mitteln. Es ist der zivile Krieg aller gegen alle, es ist der Krieg der Menschen gegen die Natur und gegen sich selbst. Was sich Fortschritt nennt und was Marktwirtschaft lautet, ist in Wirklichkeit die permanente Verwandlung des Planeten in eine einzige Fabrik zur Ausnutzung seiner Stoffe und Energien." [45]

Diese Fabrik wird vom Norden der Weltkugel aus betrieben. Die Sicht der Bioinformatikerin Sikora auf die Welt leitet sich vom Geld ab, konkret wird der Fetisch Geld allerdings in globaler Perspektive durch etwas, was man neuerdings als imperiale Lebensweise bezeichnet. Damit ist gemeint, dass in unserem Smartphone afrika-

---

44   Sikora, Joachim (2004): Von der gesellschaftlichen Vision zur politischen Programmatik, Verlag der Erzdiözese Köln, S. 24
45   Brand, Urich; Wissen, Markus (2017): Imperiale Lebensweise. Zur Ausbeutung von Mensch und Natur im globalen Kapitalismus, oekom Verlag München, S. 43 f.

nische Rohstoffe verbaut werden, die unter menschenunwürdigen Arbeitsbedingungen gefördert werden; Tomaten, die von illegalen Einwanderern in Spanien geerntet werden; tropische Früchte für Europa, deren Anbau in den Heimatländern das natürliche Gleichgewicht zerstören. Es ist nicht allein die Ausbeutung des Südens durch den Norden, der hier angeklagt wird. Imperiale Lebensweise meint vielmehr die Selbstverständlichkeit, das nicht hinterfragen unseres Lebensstils, die Gewöhnung an Hemden aus Billiglohnländern. Das Alltagshandeln und die gesellschaftliche Struktur verbinden sich zu einem Komplex, der die Welt bestimmt.

Der Kapitalismus hat uns (zu) viel Wohlstand beschert. Aber er hat uns auch unmündig gemacht. Werbung und Internetintermediäre als Instrumente des Kapitalismus manipulieren unsere Bedürfnisse und lassen uns zu triebhaften Konsumenten verkommen. Kapitalisten nehmen dabei keinerlei Rücksicht auf die knappen Ressourcen der Erde und die Gesundheit von Mensch und Tier. Corona, der Klimawandel und der Krieg in der Ukraine. Viele von uns werden das erste Mal in ihrem Leben Verzicht üben müssen. Das ist unangenehm. Aber in Verzicht und Schrumpfung könnte eine Chance stecken, vielleicht die allerletzte. Eine schrumpfende Wirtschaft ist der Schlüssel, um Klima, Planet und Menschen vor dem Kollaps zu retten. Denn Wirtschaftswachstum sei untrennbar mit Treibhausgasemissionen, abgeholzten Wäldern, verschmutzten Flüssen, vollen Terminkalendern und stressbedingten Herzinfarkten verbunden, lese ich in der *Frankfurter Allgemeinen Zeitung*. Ich selbst glaube, wir müssen weg vom quantitativen Wachstum um jeden Preis, sondern immer mehr und konsequent darauf achten, dass wir nur sinnvolle Dinge konsumieren, die für unser Leben wichtig und entsprechend hergestellt sind. Niemand von uns wird die scheußlichen Puppen, das Spielzeug aus Plastik vermissen, die synthetischen Fasern und selbst die 300.000 Kaffee-Plastikbecher pro Stunde in Deutschland lassen sich ersetzen.

Solange der Kapitalismus bestimmt, wohin die Reise geht, werden wir immer weniger Demokratie und Solidarität und Humanität erleben. Bezos, Zuckerberg und Co. werden uns Menschen so perfekt digitalisieren, dass wir ihrer kapitalistischen Gier, wie in Trance, Folge leisten werden, lese ich in der *Süddeutschen Zeitung*.

Darum heißt das einzig wirksame Kampfmittel: Verzicht. Freiwilliger und gemeinsamer Verzicht: Weniger Kreuzfahrten, weniger Flugreisen, weniger Autos, Konsumverzicht als Weltrevolution ohne Marx und Engels. Mit einem Glücksgefühl, dass wir als Konsumjunkies nie erreichen werden. Vor allem retten wir die Erde für unsere Kinder und Enkel, die älter als 100 werden sollen. Da wird es uns doch gelingen, Verzicht zu üben. Vielleicht wird es bald Politiker und Politikerinnen geben, die mutig genug sind, sich mit den Amerikanern und den multinationalen Konzernen anzulegen und Vorschriften durchzusetzen, die sinnvolle und wertvolle Produkte und Dienstleistungen vorschreiben oder so bevorzugen, dass die Unternehmen sich entsprechend ändern werden.

Das ist durchaus realistisch. Denn: erste Veränderungen sind auf dem Weg: Die Verbraucher/innen in Deutschland essen bereits deutlich weniger Fleisch. Einer der wichtigsten Ernährungstrends ist die personalisierte Ernährung, die 59 % der Deutschen als Ziel ihrer Ernährungsumstellung favorisieren. Dabei werden individualisierte Konzepte erstellt, um die Ernährung an persönliche Vorlieben und Bedürfnisse, körperliche Gegebenheiten oder sportliche Ansprüche anzupassen.

Darüber hinaus hat sich das Anlagevolumen von nachhaltigen Investmentfonds in Deutschland von 2019 bis 2021 mehr als verdoppelt. Es betrug 409 Milliarden Euro im Jahr 2021. Der Marktanteil betrug 9,4 %. Hinzu kommen 46,1 Milliarden Euro nachhaltig verwaltete Eigenanlagen und 45,8 Milliarden Euro aus Kundeneinlagen von Spezialbanken mit Nachhaltigkeitsfokus. Nicht erfasst sind hier Investitionen in die energetische Sanierung von Eigenheimen oder in privat installierte Solaranlagen, berichtet das Umweltbundesamt. [46] Für Ende 2023 wurde in Deutschland eine Gesamtsumme von 542,6 Milliarden Euro an nachhaltigen Geldanlagen erfasst. Es tut sich was. Die Unternehmen können meinethalben genauso viel Gewinn machen wie heute, nur eben anders.

Warum brauchten wir mehr als fünfzig Jahre, um die Gefahren des ungehinderten Kapitalismus zu erkennen und denen Glauben zu schenken, die das schon viel früher beschrieben haben, wie der Club of Rome, der bereits 1972 die Grenzen des Wachstums beschrieb. Wir waren verwöhnt und sahen nicht ein, Verzicht zu üben. Es gab auch lange zu wenig nachvollziehbare Informationen, wie schnell der Klimawandel voranschreitet. Weil die Rechner immer leistungsstärker werden, können Forschungsteams immer komplexere Modelle berechnen. Der Blick in die Zukunft wird dadurch nicht automatisch präziser. Die größte Herausforderung bleibt der Faktor Mensch. Sein Verhalten lässt sich auch mit den Supercomputern nur schwer vorhersehen: Wie reagieren wir auf den Klimawandel? Wie passen wir uns an? Man mag unterschiedlicher Meinung sein, was die Auswirkungen des Kapitalismus betreffen. Ich habe über viele Jahre als Unternehmer und Konsument den Kapitalismus genossen, habe aber einsehen müssen, dass uns der ungehinderte Kapitalismus in die Apokalypse treibt. Es gilt, die Marktwirtschaft wieder sozial zu machen. Als Sinn des Lebens ist der Kapitalismus denkbar ungeeignet. Denn die Liebe kennt er nicht.

Nur eine ausgeglichenere Vermögensverteilung sichert die Identifikation der Bevölkerung mit dem demokratischen Staat

Das DIW Deutsches Institut für Wirtschaftsforschung will die Reichen in Deutschland zur Kasse bitten. Das DIW rechnet in den

---

46 https://www.umweltbundesamt.de/daten/private-haushalte-konsum/
konsum-produkte/gruene-produkte-marktzahlen/marktdaten-bereich-
finanzen#grune-bzw-nachhaltige-geldanlagen

nächsten 20 Jahren mit Mehreinnahmen von 310 Milliarden Euro, wenn eine einmalige Abgabe auf alle Vermögenswerte oberhalb von zwei Millionen Euro (persönlicher Freibetrag) und fünf Millionen Euro (Freibetrag für Betriebsvermögen und Beteiligungen an Kapitalgesellschaften) erhoben würde. Ab dem ersten Euro jenseits des Freibetrags wären 10 Prozent zu zahlen. Der Steuersatz soll dann progressiv ansteigen und bei mehr als 100 Millionen 30 Prozent erreichen. Diese Vermögensabgabe sollte nach Vorstellungen des DIW von 2020 an über einen Zeitraum von 20 Jahren abgezahlt werden. Das ist keine Forderung der Partei DIE LINKE, sondern die eines der bedeutendsten Wirtschaftsforschungsinstitute. DIE LINKE hatte nur 5 % gefordert. Der Ökonom Stefan Bach (DIW): „Die Coronakrise war auch eine große Herausforderung für die öffentlichen Haushalte. Wir erleben einen starken Anstieg der Staatsverschuldung, und für solche Sondersituationen ist die Vermögensabgabe als außerordentliches Finanzierungsinstrument des Staates gedacht."

Sie halten das für ungerecht? *DIE ZEIT* meldet: „Die Verteilung der Nettovermögen – also des Vermögens nach Abzug der Schulden – ist in Deutschland weit ungleicher als bisher angenommen. Den obersten zehn Prozent der Bevölkerung gehören nicht etwa wie bisher geschätzt 59 Prozent der Vermögen. Sie besitzen rund zwei Drittel. Im reichsten Prozent steigt der Anteil von bisher knapp 22 Prozent auf rund 35 Prozent." In Deutschland wurden 2018 84,7 Milliarden € vererbt oder verschenkt, der deutsche Staat nahm aber nur 6,7 Milliarden € Erbschafts- bzw. Schenkungssteuern ein. Im Jahr 2022 haben die Finanzverwaltungen in Deutschland Vermögensübertragungen durch Erbschaften und Schenkungen in Höhe von 101,4 Milliarden Euro veranlagt, aber nur ca. 9 Milliarden Steuern eingenommen. Es erhielten 3.630 Erb/innen und Beschenkte zwischen 2009 und 2020 steuerbefreites Vermögen in Höhe von mehr als 260 Milliarden Euro. [47] Darum fordert der

---

47 https://www.fes.de/finanzpolitik/erben-verpflichtet-erbschaftsteueruhr

französische Star-Ökonom Thomas Piketty sehr viel höhere Erb-schaftssteuern und eine Art „Grunderbe" von 120.000 €, das im Alter von 25 Jahren an jede/n Bürger/in ausgezahlt werden soll.

Die Chancengleichheit ist in unserem Land nicht realisiert.

Von allen demokratischen Parteien wird die sogenannte Chancen-gleichheit als eine unverzichtbare Voraussetzung unserer Gesell-schaft postuliert. Ich will es genauer wissen und erinnere mich an die Straßensozialarbeit in meinem ehemaligen Wahlkreis in Kiel-Mettenhof, einem Stadtteil der Landeshauptstadt Kiel mit etwa 20.000 Einwohnern. Die Sozialstruktur ist von Arbeitslosigkeit, ei-ner überdurchschnittlichen Armutsdichte und einem hohen Aus-länderanteil geprägt. Das Jugendbüro Mettenhof ist eine Einrich-tung der Straßensozialarbeit unter dem Dach des Christlichen Ver-eins zur Förderung sozialer Initiativen in Kiel e. V.. Das Team vom Jugendbüro Mettenhof ist im Stadtteil unterwegs, um Kinder und Jugendliche an ihren Treffpunkten aufzusuchen und bei Bedarf mit Hilfe und Beratung bereitzustehen. Den Heranwachsenden wird die Möglichkeit gegeben, sich zu regelmäßigen Terminen im Jugendbüro zu treffen, um dort ihre Freizeit zu verbringen, ob in der Schularbeitenhilfe SPICE, dem Skater-Team Mettenhof oder in anderen Gruppen. Jugendliche können intensive Hilfe in Anspruch nehmen, z. B. bei Schwierigkeiten in der Schule, Problemen mit der Familie, bei der Suche nach einem Ausbildungs- oder Arbeits-platz und vielem mehr.

Die bürgerliche Mitte in unserem Land ist der Überzeugung, dass jede und jeder, die bzw. der will, bei uns seine Chance bekommt. Die Sozialarbeiter/innen räumen mit diesem Vorurteil auf:

„Ein Drittel der Kinder in Mettenhof sind von staatlichen Mitteln abhängig. Da machen auch freundlichere Bezeichnungen dieser Mittel keinen Unterschied. Bei diesen jungen Menschen kann von Chancengleichheit keine Rede sein. Wir spüren deutliche Benachteiligungen in allen Lebenslagen. Das geht bei der Ernährung und der Bekleidung los, ihre Mobilität ist eingeschränkt, es fehlen kulturelle und bildungsbezogene Anreize in den Familien und in der direkten Umgebung, die Wohnverhältnisse werden immer problematischer. Es ist kaum noch bezahlbarer adäquater Wohnraum zu bekommen. Das alles hat Auswirkungen auf die Freizeitaktivitäten und die Chancen in der Schule und im Ausbildungssektor. Es ist ein Teufelskreis. Hinzu kommt, dass viele Jugendliche und junge Erwachsene in ihrer Muttersprache alphabetisiert sind. Es gibt zwar gezielte Angebote für Erwachsene, nicht aber für Jugendliche. Vor allem fehlt das Geld, um nachhaltig Perspektiven für alle zu schaffen. Das aber ist Aufgabe eines Einwanderungslandes, wie es Deutschland ist." [48]

Es gibt also noch viel zu tun für die SPD, denn Chancengleichheit für alle ist Voraussetzung einer humanen Gesellschaft.

Nicht das quantitative Wachstum und die Kostenminimierung dürfen der Antrieb der Ökonomie bleiben, schon gar nicht die Lohnkosten.

Hochqualifizierte Mitarbeiter und Mitarbeiterinnen haben einen ökonomischen Wert, der bislang monetär viel zu wenig Berücksichtigung findet. Der Nachhaltigkeitsgedanke muss Eintritt und Einfluss in unsere Kultur finden und zu einem zentralen Element werden. Das geht nicht von heute auf morgen, aber es muss mit Nachdruck verfolgt werden. Dazu gehören unabhängige Journalisten und intelligente Kommunikationswege und entsprechende Inhalte, die Ausbildung muss sich daran orientieren. Eine unabhängige Wissenschaft ist ein zentrales Element für eine kulturelle Entwicklung.

---

48 Die Sozialarbeiterin Susanne Wendt und ihr Kollege Gisbert Ehler in einem Gespräch mit dem Verfasser.

Prof. Dr. André Reichel, einer der Vordenker betriebswirtschaftlicher Perspektiven für eine Zeit nach dem Wachstumsparadigma, also einer vermeintlichen Gesetzmäßigkeit des immer Mehr, macht in einer Studie des Zukunftsinstituts deutlich, dass Wohlstand und Wirtschaftswachstum entkoppelt werden müssen. Er schlägt unter anderem ein anderes Steuersystem vor, in dem ökologisch schädliche Verbraucher und große Vermögen, vor allem die, die nicht selbst erworben wurden (Erbe), zur Finanzierung sozialer Sicherung herangezogen werden und eben nicht nur das Arbeitseinkommen.

Die Frage nach dem „Warum sind wir auf der Welt" kann nicht nur mit Mitteln der Wirtschaft beantwortet werden. Gerade die Corona-Pandemie, die uns gezeigt hat, dass wir durch Gier vielen Tieren zu nahegekommen sind, die uns tödlich infizieren können, und die Lockdowns haben vielen von uns sicher ins Bewusstsein zurückgeholt, wie wichtig der zwischenmenschliche Kontakt ist, nicht der digitale, sondern der haptische, also der persönliche direkte Kontakt zu unseren Mitmenschen, Familienmitgliedern und Freunden.

Und wenn es uns gelingt, die Statusfragen anders zu stellen, Erfolg anders neu zu definieren, also nur denen Anerkennung zollen, die selbst nachhaltig leben, oder wir unseren Konsum insgesamt einfach mal selbst drosseln, dann haben wir einen wichtigen Beitrag geleistet zum Erhalt der Erde.

KI-Systeme können eine Gefahr für den gesellschaftlichen Frieden darstellen.

Die Digitalisierung schreitet voran und erhöht damit die Anzahl potenzieller IT-Sicherheitslücken und Angriffsziele. Gerade im Dienst der IT-Sicherheit können KI-Technologien helfen, Cyberangriffe schnell zu erkennen und zu blockieren oder zumindest auszubremsen. Die Kehrseite der Medaille ist aber, dass auch Angreifer die Möglichkeiten der KI nutzen, um ihre Angriffe zu optimieren. KI-Technologien sind auch für Internet-Kriminelle zugänglich. Die Europäische Union will Vorreiterin bei der Regulierung von Künstlicher Intelligenz (KI) sein. Das Europäische Parlament verabschiedete in Straßburg ein Gesetz zur Regulierung von KI. In der Praxis greifen die neuen Regeln voraussichtlich ab 2026.

Die europaweiten Vorgaben für KI sollen die Nutzung der neuen Technologie sicherer machen. Dazu werden Anwendungen in Risikogruppen eingeteilt. Hochriskante KI-Systeme sollen verboten werden, danach staffeln sich die Auflagen gemessen am Risiko der Technologie.

Zu den künftig verbotenen Systemen gehören etwa Anwendungen zur Erkennung von Emotionen am Arbeitsplatz und in der Schule. Auch das Bewerten von sozialem Verhalten mit KI, das sogenannte „Social Scoring", wie es in China eingesetzt wird, gilt als verboten. Der Einsatz von KI bei der vorausschauenden Polizeiarbeit wird ebenfalls eingeschränkt. Die Kritiker bemängeln vor allem die Regeln zur biometrischen Überwachung. Ein Verbot der Echtzeit-Gesichtserkennung im öffentlichen Raum wird durch eine umfangreiche Liste von Ausnahmen Kritikern zufolge praktisch aufgehoben. Durch die biometrische Gesichtserkennung kann jetzt theoretisch jeder zu jeder Zeit an jedem Ort gesichtet werden, bemängeln Kritiker.

Es bleibt sicher noch viel zu beobachten und dann zu regeln, um sicherzustellen, dass keine KI-Systeme eingesetzt werden dürfen, die Menschenwürde und das Recht auf Nichtdiskriminierung sowie die Werte der Gleichheit und Gerechtigkeit verletzen können, wie es die EU regeln möchte und mit dem AI-Act einen ersten Schritt getan hat.

Die SPD muss bei aller Offenheit neuer Technologien gegenüber, kritische Folgen benennen und Schutzmechanismen fordern.

Die Heterogenität der Arbeitswirklichkeit schafft neue Ausbeutungstatbestände, die verhindert werden müssen.

Es geht um die Emanzipation des Menschen in der Erwerbsarbeit, die Beziehung zwischen Kapital und Arbeit. Hier wurde die Emanzipation als das Heraustreten aus ungerechtfertigten Abhängigkeitsverhältnissen kollektiv erkämpft, damit die Individuen eine Autonomie genießen konnten und können. Die reformistische Gewerkschaftsbewegung erkannte den Arbeitgeber an, der seinerseits für gute Arbeitsbedingungen zu sorgen hatte, die Verantwortung war eindeutig zugewiesen. So waren über lange Zeit mit dem Autonomiegedanken in der Arbeitswelt vor allem Arbeitsgestaltungsmaßnahmen verbunden (Humanisierung des Arbeitsplatzes).

Die Zukunft der Arbeit ist von zwei großen Trends geprägt, die die Arbeitsplätze, die Belegschaft und die Art der Arbeit in den 2020er-Jahren verändern. Der erste Trend ist der zunehmende Einsatz von Technologien wie künstliche Intelligenz (KI), maschinelles Lernen und Robotik am Arbeitsplatz. Der zweite Trend ist die sich verändernde räumliche Verteilung der Arbeitskräfte und die Zunahme der hybriden Arbeitsplatzmodelle. Bei allen Vorteilen, die eine Flexibilisierung der Arbeitsplätze hat, es drohen neue Ausbeutungs- und Überforderungstatbestände. Es entstehen höhere Kosten bei den Arbeitnehmer/innen, es wird auch zu Zeiten gearbeitet, wenn es der Job erfordert und der Chef es verlangt, die weit ins Private hineinreichen, und die Zeiterfassung kann sehr perfide ausfallen und erheblichen Stress auslösen. Mit kleinen Kindern in der Nähe ist ein konzentriertes Arbeiten ohnedies im Homeoffice nicht möglich. Diese Entwicklungen müssen aufmerksam verfolgt, für gesetzliche Normierung von Standards gesorgt und ihre Einhaltung überwacht werden.

Eigentum verpflichtet

Wir erleben gerade, dass Mieten aufgrund der Gier von Immobilieneigentümern ins schier Unbezahlbare gestiegen sind.

Artikel 14 Absatz 2 unserer Verfassung, des Grundgesetzes, schreibt die Sozialbindung des Eigentums fest: „Eigentum verpflichtet. Sein Gebrauch soll zugleich dem Wohle der Allgemeinheit dienen." Je stärker andere auf die Nutzung fremden Eigentums angewiesen sind, umso mehr gilt diese Verpflichtung. Das kennen wir vom Eigentum an Produktionsmitteln. Hier wird schon seit Jahrhunderten um gute Arbeitsplätze gekämpft. Gleiches gilt für die Rechtssituation von Mieterinnen und Mietern.

Wer den großen sozialdemokratischen Parlamentarier und renommierten Staatsrechtler Prof. Dr. Carlo Schmid kennenlernen konnte, wie es mir in jungen Jahren vergönnt war, der weiß, dass für ihn, der die Aufnahme der Eigentumsverpflichtung ins Grundgesetz erkämpft hatte, durchaus angemessen war, Eigentümer zu enteignen, wenn sie der Sozialbindung nicht nachkommen. Darum ist der Enteignungsbegriff im Grundgesetz auch weit.

Der Zweite Senat des Bundesverfassungsgerichts hat das entsprechende Gesetz zur Mietenbegrenzung im Wohnungswesen in Berlin (MietenWoG Bln) im April 2023 für nichtig erklärt. In dem Beschluss geht es nur um einen Punkt: Besaß das Land Berlin die Gesetzgebungskompetenz, um das Gesetz zu erlassen, oder nicht. Der zweite Senat sagt klar: Das Land hatte sie nicht. Der Mietendeckel ist damit verfassungswidrig und nichtig. Zu weiteren Fragen, z.B. zu Verstößen gegen die Eigentums- oder Berufsfreiheit und zur Verhältnismäßigkeit einer solchen Begrenzung hat sich das Gericht nicht geäußert.

In Zeiten eines hemmungslosen Kapitalismus muss der Staat sehr viel sensibler auf die Einhaltung der Sozialbindung des Eigentums achten und entsprechende Regelungen treffen und sich nicht durch das Bundesverfassungsgericht reglementieren lassen. Da bedarf es dann einer Bundesentscheidung, die aber in der jetzt geschmiedeten Regierungskoalition nicht zu verwirklichen ist.

Unternehmen sollten sich am Wertewandel vieler Start-ups orientieren.

In der Diskussion um mehr Zukunft von Arbeit und Gesellschaft gerät der Begriff des/der Kreativen immer mehr ins Zentrum. Anders als Wissen ist Kreativität kein Herrschaftsbegriff. Man braucht keine Studienabschlüsse, um das zu tun, was man eigentlich liebt, nämlich die eigenen schöpferischen Kräfte auszuleben. Kreativität ist ein demokratischer und weltoffener Begriff und darum auch eine Macht. Man kann sie geradezu als Gegenmodell zu Klassen und Interessen begreifen. Mit der Anwendung des eigenen Kreativpotenzials in der Wirtschaft kann auch persönliches Glück einhergehen, welches jenseits des monetären Erfolgs liegt und diesen sinnvoll ergänzt. Lange definierte die (männlich geprägte) Lohnarbeit unsere Gesellschaft, aber jetzt brechen die Strukturen auf und die freie Assoziation der Arbeit wird immer wichtiger. Das Marktgeschehen ist zu vielschichtig, als dass man es mit dem Vorurteil, es ginge ausschließlich um kurzfristigen Profit, überlagern darf.

Es geht vielen Start-ups wieder mehr um das WIE von Angeboten und Leistungen. Junge und kreative Unternehmer/innen wissen um die Notwendigkeit nachhaltigen Handelns sowohl in wirtschaftlicher, ökologischer, aber auch in sozialer Ausprägung. Das Ziel nachhaltiger Entwicklung ist es, Umwelt, Gesellschaft und Wirtschaft in Balance zu bringen.

Die SPD hat daher in ihrem Zukunftsprogramm 2021 lange Ausführungen dazu gemacht, diese Unternehmen zu unterstützen, „für die der Sinn ihrer wirtschaftlichen Aktivität und der langfristige Bestand ihres Unternehmens wichtiger ist als der kurzfristige Gewinn. (...) Wir wollen Deutschland zu einem führenden Start-up-Standort Europas machen und so hochwertige Arbeitsplätze in der Region schaffen." Es ist aber seither nichts passiert, was die Start-up-Szene wahrgenommen hätte. Ich hatte schon 2023 vorgeschlagen, der AGS-Bundesvorstand solle mit Unterstützung des Parteivorstands eine Taskforce bilden, der Gründungswissenschaftler/innen, aber auch Online-Marketing-Spezialisten angehören sollten, die unsere Ziele und Angebote wirksam in die Netz-Community tragen können. Auf einer eigenen SPD-Plattform sollten SPD und AGS ein Netzwerk von Investoren, qualifizierten Coaches, Influencer/innen und Ansprechpartner/innen aus Politik und Verwaltung aufbauen. Auch ein virtueller Ortsverein für Start-up-Selbstständige könnte gegründet werden.

So wären SPD und AGS sichtbarer als Interessenvertreter/innen kleiner und mittlerer Unternehmer/innen und die Partei eine wichtige Agentin der nachhaltigen Transformation, sorgte für Akzeptanz sozialdemokratischer Politikangebote im Netz und wäre Ansprechpartnerin in Sachen Zukunftskompetenz. [49]

Der Lobbyismus muss weiter in seine Schranken verwiesen werden.

Inzwischen müssen sie sich Lobbyisten im Deutschen Bundestag in ein Register eintragen. Jetzt gibt es erstmals einen kleinen Einblick, wer in unserem Parlament versucht, den politischen Willensbildungsprozess zu beeinflussen. Nach einer Auswertung der Bürgerbewegung Finanzwende ist keine andere Branche unter den 100 finanzstärksten Lobbyakteuren so stark vertreten wie die Finanzbranche. Demnach sind 11 der 100 Lobbyakteure mit den größten Budgets Banken, Versicherungsunternehmen und Investmentgesellschaften. Die im öffentlichen Auftreten ebenfalls mächtige Autobranche ist mit sechs Einträgen unter den 100 finanzstärksten Lobbyisten vertreten, der Energiesektor mit neun Einträgen. Zusammen geben die Top-10-Konzerne und -Verbände der Finanzlobby im Jahr mehr als 42,5 Millionen Euro für Kontaktpflege und den Versuch der Beeinflussung von Politik aus.

Die Ampel-Parteien SPD, Grüne und FDP hatten sich in ihrem Koalitionsvertrag eine Nachschärfung des von der Vorgängerregierung eingeführten Registers vorgenommen. Unter anderem sollten ein sogenannter exekutiver und legislativer Fußabdruck eingeführt werden: Allen neuen Gesetzen soll entnehmbar sein, welche

---

49 Hierzu näher: Klaus-Dieter Müller (2023): Innovativ, Selbständig, Sozialdemokratisch. 70 Jahre Arbeitsgemeinschaft Selbständige in der SPD (AGS), Dietz Verlag Bonn Berlin, S. 158

Interessenvertreter darauf Einfluss genommen haben. Damit der Exekutive Fußabdruck verbindlich wird, hat die Bundesregierung ihn in der Gemeinsamen Geschäftsordnung der Bundesminiserien, kurz GGO, verankert.

Mir stellt sich nach wie vor die Frage, warum es mehr Lobbyisten im Deutschen Bundestag gibt als Abgeordnete – und auch davon gibt es schon zu viele. Wann aber ist die Schwelle zur Korruption überschritten? Transparency International, die der Korruptionsbekämpfung gewidmete Nicht-Regierungsorganisation mit Sitz in Berlin, nennt als „Königsdisziplin" der Korruption das Kaufen politischer Entscheidungen. Der Begriff der Käuflichkeit ist hier in einem weiten, beinahe metaphorischen Sinne zu verstehen. Mit ihm ist nicht nur gemeint, dass interessierte Gruppen Politiker zuweilen dafür bezahlen, dass sie Gesetzesvorhaben unterstützen. Vielmehr bezeichnet die Rede von der Käuflichkeit politischer Entscheidungen bei Transparency ganz allgemein die Einwirkung von Sonderinteressen auf den Willen des Gesetzgebers – daher zählt die Berliner Organisation die Tätigkeit von Lobbyisten zu den Korruptionstatbestanden. Das sehe ich genauso. Wir alle wissen, was ein enger persönlicher Kontakt zu einem Entscheidungsträger bedeutet. Es beginnt mit Einladungen und geht mit Informationsreisen weiter. Die Grenzen sind fließend. Für eine sachliche Information braucht es keinen persönlichen Kontakt. Darum ist jede Verschärfung der Gesetze zum Lobbyismus eine gute Initiative.

Die SPD muss gerade in dieser Regierung darauf achten, dass hier keine Verschlechterungen und Verschleierungen umgesetzt werden.

Die Europäische Union ist eine Scheindemokratie.

Europakritiker werfen der Europäischen Union vor, undemokratisch zu sein und stellen die Legitimation europäischen Handelns infrage.

Der Staats- und Verwaltungsrechtler Hans Herbert von Arnim bringt es auf den Punkt:

„Die Gemeinschaft war von Anfang an eine Veranstaltung der Regierungen. Sie entscheiden auf Regierungskonferenzen über die Verträge, d. h. die Grundlagen der EU, und sie haben – auf der Basis der Verträge – im Rat, der nach wie vor das zentrale Organ der Union darstellt – die Macht in der Hand. (...) Das Europäische Parlament wirkt zwar an der Gesetzgebung mit, kann die Defizite aber nicht heilen. Obwohl es immer wieder als demokratisches Feigenblatt herhalten muss, ist es selbst geradezu ein Sammelbecken demokratischer Mängel. Drei klassische Funktionen von Parlamenten stehen dem Europäischen Parlament gar nicht zu: Weder kann es eine Regierung wählen, noch entscheidet es abschließend über den Haushalt, noch kann es schließlich Gesetze initiieren. Das Recht, Gesetze einzubringen, liegt vielmehr ganz allein bei der Europäischen Kommission, und diese ist – aufgrund ihrer Unabhängigkeit und Weisungsfreiheit – praktisch von Verantwortlichkeit gegenüber dem Parlament und erst recht den Bürgern frei. Auch die fundamentale Errungenschaft der Demokratie, das gleiche Wahlrecht, ist in Brüssel außer Kraft gesetzt. Die Stimme eines Luxemburger Wählers hat elfmal so viel Gewicht wie die Stimme eines Deutschen." [50]

Die Europäische Kommission sieht das anders:

„Das Europäische Parlament wird in der zweitgrößten demokratischen Wahl der Welt (nur in Indien gibt es noch mehr Wahlberechtigte) alle fünf Jahre direkt gewählt. Die EU-Kommission ist dem Parlament gegenüber voll verantwortlich. Im Ministerrat sitzen Vertreter demokratischer Regierungen der Mitgliedstaaten. Die Europäische Union ist integraler Bestandteil unserer

---

50 Hans Herbert von Arnim (3. Auflage 2008): Die Deutschlandakte. Was Politiker und Wirtschaftsbosse unserem Land antun, C. Bertelsmann Verlag München, S. 64 f.

repräsentativen Demokratien. Sie handelt im Auftrag und Inter-
esse der Unionsbürger." [51] *Überzeugend ist das nicht.*

Die Europäische Investitionsbank gibt eine realistische Wahrnehmung wieder:

„Eintracht, Wohlstand und Demokratie – die Europäische Union
hat diese drei Säulen in den letzten 50 Jahren in Europa gefe-
stigt. Sie sollten als Leitgedanken für unsere rationale zukünftige
Utopie gelten. Schließlich unterscheiden sie sich nicht wesentlich
von den Ideen der französischen Revolution: Freiheit, Gleichheit,
Brüderlichkeit. Wie ich bereits sagte, ist die Utopie immer noch
weit davon entfernt, Wirklichkeit zu werden. Wir erleben dies bei
jeder schweren Krise in Europa aufs Neue – sei es Wirtschafts-
krise oder Flüchtlingskrise. Die Europäische Union ist nicht in
der Lage, einig aufzutreten. Jedes Land zieht sich hinter seine
Grenzen zurück und verteidigt seine Pfründe, ohne sich um die
gemeinsamen Interessen zu kümmern. Wir verstehen nicht, dass
wir – zumindest im aktuellen Europa – unsere eigenen Interes-
sen nur wahren können, wenn wir auch die der anderen Länder
wahren. Denn die Interessen der anderen sind auch unsere ei-
genen. [52]

Nein, es lässt sich nicht leugnen: Die Utopie ist noch nicht Wirklichkeit geworden. (...) Das vereinte Europa ist die einzige vernünftige
politische Utopie, die wir Europäer im Laufe der Geschichte zu-
stande gebracht haben." [53]

Ein Bundesstaat Europa aber braucht andere, transparente und
mehr demokratische Strukturen.

---

51 https://germany.representation.ec.europa.eu/news/mythos-die-eu-hat-
    ein-demokratiedefizit-2019-05-09_de
52 https://germany.representation.ec.europa.eu/news/mythos-die-eu-hat-
    ein-demokratiedefizit-2019-05-09_de
53 https://www.eib.org/de/essays/vision-and-path

Die Sicherheit in der humanen Gesellschaft darf nicht zu Lasten unserer Freiheit gehen

Die Sicherheit ist ein allumfassender Komplexbegriff – von der Brandschutztreppe bis zur NSA-Bespitzelung dient alles vermeintlich der Sicherheit. Ich befürchte, dass ein übersteigertes Sicherheitsstreben uns das verlieren lässt, was das Leben noch lebenswert macht. Sicherheit wird zu einem Gefängnis, aus dem wir uns nur mit Mühen befreien können. Kaum ein Begriff eignet sich so gut dazu, Menschen zu manipulieren, Andersdenkende zu diskriminieren oder auch Opfer einzufordern. Wird in unserem übernormierten Rechtssystem eine Lücke entdeckt, so muss sie gefüllt werden. Der ehemaligen Juso-Vorsitzende Johano Strasser formulierte 1986 in einem Beitrag für die Zeitschrift *„Psychologie heute"*:

> *„Ich behaupte, dass die immer weiter getriebene Perfektionierung unserer Sicherheitsleistungen sowohl auf der Seite der Subjekte wie auf der der objektiven Strukturen eine gefährliche, lebensfeindliche Dynamik freisetzt, dass das Streben nach Sicherheit längst jedes vernünftige Maß überschritten hat und zur kollektiven Obsession geworden ist, dass wir drauf und dran sind, dem Götzen Sicherheit alles zu opfern, was schützenwert ist."* [54]

Sicherheit ist also mehr als das gefahrlose Durchqueren eines dunklen Waldes, sondern eine Befindlichkeit mit durchaus politischer Qualität. Sicherheit avancierte zu dem, was man einen „wünschenswerten Systemzustand" bezeichnen könnte, zum Leitbild beherrschbarer Komplexität. Hinter diesen Gedanken steht die Vorstellung, Sicherheit sei „herstellbar". Wir müssen wieder lernen, im Bewusstsein unserer Endlichkeit zu leben und uns nicht gegen jede fundamentale Unsicherheit aufzulehnen. Unser übersteiger-

---

54 Strasser, Johano (1986): Sicherheit als destruktives Ideal. In: Psychologie heute, Heft Mai 1986, S. 31

tes Sicherheitsbedürfnis ist Ausdruck einer doppelten Angst, der Angst vor dem Tod und der Angst vor der Freiheit. [55]

Mein Freund und Vorbild, unser ehemaliger Parteivorsitzender Björn Engholm empfiehlt unserer Partei:

> *„Eine Partei, die das Prinzip Freiheit auf ihre Fahnen schreibt, haben wir heute nicht mehr. Das war mal in den guten Jahren die FDP. Die sind heute Neoliberale. Mein Wunsch ist schon lange, dass die Sozialdemokratie dieses Freiheitsprinzip viel stärker in den Mittelpunkt stellt und sagt, wir können nicht alle Sicherheiten bieten, nicht alle Sicherheitsbedürfnisse erfüllen. Ein gewisses Risiko tragen die Menschen allemal in Zeiten wie den unseren. Und ich war immer bei Willy Brandt und dem großen Motto in seiner Biografie: ‚Links und frei'.*

---

55   Strasser a. a. O., S.35

Regierungshandeln mit CDU/CSU und das sozialdemokratische Profil – Der Koalitionsvertrag

146 Seiten ist der Koalitionsvertrag lang. Und natürlich ist ein Koalitionsvertrag zwischen zwei konservativen Parteien und der Sozialdemokratie immer ein Kompromiss. Aber man spürt schon, dass die Union und die SPD diese Koalition aus der Erkenntnis einer fehlenden Alternative heraus geschlossen haben. Der Wille zu einem fairen Interessenausgleich ist schon spürbar.

Klimawandel, politische Unruhen, Inflation, Krieg: Zahlreiche Krisen beunruhigen die Bevölkerung. An erster Stelle aber liegt mit 65 Prozent bei uns die Angst vor zu teuren Lebenshaltungskosten. Aber auch keine Lösungen zu Flucht und Migration, überbordender Bürokratie, Fachkräftemangel und daraus erwachsender langer Wartezeiten bei Genehmigungen aller Art und selbst bei Terminvergaben von Fachärzten, verärgern die Menschen nachhaltig. Auf diese Probleme versuchen die Koalitionäre Antworten zu finden.

Das größte Problem dieser Koalition werden Friedrich Merz und Alexander Dobrindt sein. Merz redet viel zu unkontrolliert seinem jeweiligen Publikum nach dem Munde, wie wir es zum Thema Mindestlohn schon erleben durften. Ein sehr überzeugendes Beispiel seiner Unfähigkeit ist ein Zitat aus seinem Buch: „Mehr Kapitalismus wagen": **„Unsere Volkswirtschaft kann zur Not ohne Automobilindustrie, ohne chemische Industrie, ohne Maschinenbau, ja selbst ohne eigene Energieerzeugung auskommen. (...) Banken sind hingegen das Herz-Kreislauf-System einer jeden Volkswirtschaft. Deshalb tut die Politik gut daran,**

vergleichbare Staatshilfen für andere Sektoren klar und
eindeutig abzulehnen." [56]

Die wirtschaftliche Entwicklung

Die im Koalitionsvertrag geplanten Maßnahmen von CDU/CSU und
SPD könnten das Wirtschaftswachstum in Deutschland merklich
erhöhen. Zu diesem Ergebnis kommt die Denkfabrik „Dezernat
Zukunft" in einer Analyse. Das Potenzialwachstum der deutschen
Wirtschaft soll sich „wieder auf deutlich über ein Prozent erhöhen".
Die Ökonomen Sven von Wangenheim, Saskia Gottschalk und Flo-
rian Schuster-Johnson haben nun die Effekte der Maßnahmen aus
dem Koalitionsvertrag auf das Potenzialwachstum nachgerechnet.
Sie kommen zu dem Ergebnis: Tatsächlich scheint das Ziel von
Union und SPD möglich. Bis 2029 könnte das Potenzialwachstum
durch die Maßnahmen so stark steigen, dass es dann bei 1,2 Prozent liegt. Das wäre ein Anstieg um 0,4 Prozentpunkte.

Ökonomen bewerten den Koalitionsvertrag von Union und SPD
grundsätzlich positiv. «Wenn die Regierung die Investitionspläne
so umsetzt wie angekündigt, könnte das Bruttoinlandsprodukt
ein gutes Prozent höher ausfallen als ohne die Pläne», erklärte
Sebastian Dullien vom Institut für Makroökonomie und Kon-
junkturforschung (IMK).

Wachstumsfördernd dürften die höheren Abschreibungssätze für
die kommenden drei Jahre sein. Sie würden private Investitionen
ankurbeln. Auch die Maßnahmen zur Stabilisierung der Stromko-
sten seien zu begrüßen".

---

56 Friedrich Merz (2008): Mehr Kapitalismus wagen. Wege zu einer gerechten
    Gesellschaft, Piper München Zürich, S. 220. Es gibt inzwischen eine
    neue Fassung dieses Buches, was der Piper-Verlag aber nicht als neue
    geänderte Fassung ausweist, die nur noch 217 Seiten umfasst. Das
    „alte" Buch wird inzwischen gebraucht für 49,99 € im Handel angeboten,
    soll also nicht mehr verkauft werden. Es kostete früher neu und
    gebunden 19,90 €. Ein Schuft, der Schlechtes dabei denkt.

Unternehmensgründungen sollen diesem Weg binnen 24 Stunden möglich werden. Sozialleistungen sollen zur Blaupause für das moderne bürgerfreundlichere Vorgehen werden.

Um den Fachkräftemangel zu beheben, soll die Erwerbstätigkeit von Frauen gestärkt werden. Die Einwanderung von Fachkräften soll durch Digitalisierung und Zentralisierung der Prozesse und eine beschleunigte Anerkennung von Berufsqualifikationen gestärkt werden. Eine digitale Agentur für Fachkräfteeinwanderung, die sogenannte „Work-and-Stay-Agentur" wird gegründet. Hürden für Flüchtlinge bei der Beschäftigungsaufnahme werden abgebaut und Arbeitsverbote auf max. drei Monate reduziert. Dies gilt nicht für Asylbewerber aus sicheren Herkunftsstaaten.

Die Renten

Die schwarz-rote Koalition will Mehrkosten für die Stabilisierung des Rentenniveaus bei 48 Prozent und für Verbesserungen bei der Mütterrente aus der Staatskasse zahlen. Das wird dazu führen, dass die Beitragssätze nicht noch stärker anwachsen.

Der Arbeitgeberverband kritisiert die Beschlüsse zur Mütterrente. Die geschätzten Ausgaben von fünf Milliarden Euro pro Jahr würden an anderer Stelle fehlen.

Der Wirtschaftsweise Martin Werding vermisst Maßnahmen, die Entlastung beim Beitrag zur Rentenversicherung bringen, der bis 2030 auf 20,2 Prozent, aktuell sind es 18,6 Prozent, steigen wird. Wirtschaftsprofessor Martin Werdings Idee: Ein Teil der individuellen Rentenbeiträge fließt in einen breitgestreuten, weltweiten Fonds. „Es wäre richtig, in der Rentenpolitik stärker auf Aktien zu setzen. Das ist keine Zockerei. Über Jahrzehnte lässt sich so ein Vermögen aufbauen", sagt er.

Es ist aus meiner Sicht völlig richtig, die Renten zu stabilisieren, zumal das völlig überzogene Mietniveau und die übrigen Preissteigerungen viele Rentner in Schwierigkeiten bringen. Man darf nicht unterschätzen und muss verhindern, dass gerade alte Menschen aus Frust AfD wählen.

Die Migrations- und Flüchtlingspolitik

Für die Koalitionspartner bleibt das Grundrecht auf Asyl ausdrücklich unangetastet, was ohnehin durch völkerrechtliche Verpflichtungen nicht hätte geändert werden können. Die Koalition hält an der Reform des Staatsangehörigkeitsrechts der Ampel vom Juni 2024 fest. Nur die sogenannte „Turboeinbürgerung" nach drei Jahren wird gestrichen. An der deutlich relevanteren Reduzierung der Wartefrist für normale Einbürgerungen von acht auf fünf Jahre ändert sich nichts.

Bessere Kontrollen an allen deutschen Staatsgrenzen, Stopp des Familiennachzugs, Bezahlkarte für Flüchtlinge, Flüchtlinge aus der Ukraine bekommen nicht länger Bürgergeld.

Ein zentrales Anliegen der Union wurde von ihr durchgesetzt. Es ist die „Rückführungsoffensive", die ermöglicht, dass abgelehnte Asylbewerber das Land schnell verlassen müssen. Die Bundespolizei kann künftig Haft oder Ausreisegewahrsam beantragen. Wer wegen schwerer Straftaten zu einer Freiheitsstrafe verurteilt wird, muss künftig das Land verlassen. Es wird eine sogenannte Regelausweisung geben. Das Ganze bekommt mit der Besetzung des Innenministeriums mit dem sträflich gescheiterten ehemaligen Bundesverkehrsminister und rechten CSU-Vertreter Dobrindt einen besonders bitteren Beigeschmack.

Die SPD setzte sich dafür ein, das „Chancen-Aufenthaltsrecht" für Geduldete mit Arbeit oder Ausbildung zu verlängern. Die Union dagegen wollte die Regelung auslaufen lassen. In den Koalitionsverhandlungen wurde ein Kompromiss gefunden. Geduldete Ausländer, die gut integriert sind, seit mindestens vier Jahren in Deutschland leben, Arbeit haben, Deutsch sprechen, nicht straffällig geworden sind und deren Identität geklärt ist, sollen einen befristeten Aufenthaltstitel erhalten.

Staatsmodernisierung: Digitale Verwaltung als Leitbild

Der Koalitionsvertrag hat digitalpolitisch insgesamt ein hohes Ambitionsniveau, sagt der Fachverband Bitkom. Es kommt jedoch bei allen digitalen Maßnahmen darauf an, die einzelnen Vorhaben konkret auszugestalten und mit den nötigen Finanzmitteln zu hinterlegen, damit es nicht bei allgemeinen Absichtserklärungen bleibt.

Ein neuer Ansatz in Sachen Entbürokratisierung ist eine zentrale digitale Plattform für Verwaltungsleistungen. Für jeden Bürger soll verpflichtend ein Bürgerkonto und eine digitale Identität eingeführt werden – inklusive Hilfsangeboten für Menschen, die den digitalen Weg nicht gehen können oder wollen. Unternehmen, Selbstständige und Vereine sollen spezifische Zugänge erhalten. Menschen in schwierigen Lebenslagen sollen somit einfacher Sozialleistungen erhalten können und sich nicht durch die Bürokratie quälen müssen.

Im Bereich der Datenerhebung soll der Grundsatz „Once only" eingeführt werden. Bürgerschaft und Unternehmen sollen Angaben nur ein einziges Mal machen müssen; der Staat selbst regelt dann den Austausch zwischen den Behörden. Sozialrechtliche Grundlagen, Verfahren und Zuständigkeiten sollen zusammengeführt und vereinfacht werden; hierfür will die Koalition bis Ende 2025 ein Konzept vorlegen.

Die Koalition verspricht Zurückhaltung in der Gesetzgebung: Nicht nötige Gesetze sollen nicht erlassen, überholte Gesetze gestrichen werden. Recht soll verständlich und digitaltauglich sein und einem Praxischeck unterliegen. Wirkungslose Berichtspflichten sollen gestrichen werden. Die Zusammenarbeit von Bund und Ländern soll entflochten und erleichtert werden. Im Bereich der Digitalisierung soll der Bund eine Führungsrolle übernehmen. Auf Grundlage einer Verfassungsänderung soll es möglich werden, dass der Bund digitale Verwaltungsverfahren regeln und IT-Systeme für alle staatlichen Ebenen zur Verfügung stellen kann. Durch Digitalisierung, Verschlankung und Beschleunigung von Verfahrensabläufen sowie eine personelle Stärkung soll die Justiz leistungsfähiger werden. Ein zentrales Justizportal soll eingerichtet und die Nutzung von KI ermöglicht werden. Zivilprozesse sollen auch online durchgeführt werden können.

Infrastruktur-Zukunftsgesetz, Förderpraxis und Vergaben

Damit die wichtigen Vorhaben aus dem Sondervermögen schnell umgesetzt werden, soll ein ambitioniertes Infrastruktur-Zukunftsgesetz die Möglichkeiten zur Beschleunigung von Planung und Genehmigung, Beschaffung und Vergabe der Infrastrukturprojekte regeln und diese Vorhaben rechtlich durch Ausstattung mit einem überragenden öffentlichen Interesse priorisiert werden.

Förderprogramme sollen einfacher und schneller werden: durch Pauschalen statt Antragsförderungen, Standardisierung und eine zentrale digitale Förderplattform. Ehrenamtliche Tätigkeiten sollen erleichtert werden.

Das Vergaberecht soll auf europäischer wie nationaler Ebene vereinfacht, beschleunigt und digitalisiert werden. Gemeinsam mit den Ländern sollen Regelungen vereinheitlicht werden, zum Beispiel für schnellere Vergaben mit einheitlichen Schwellenwerten im nationalen Recht, höheren Wertgrenzen für Direktaufträge (bis 50.000 Euro bei Liefer- und Dienstleistungen). Wichtig für eine schnelle Beschaffung in der Praxis: Die aufschiebende Wirkung der zweiten Instanz im Vergabenachprüfungsverfahren soll entfallen.

Unsere Sicherheit

„Unsere Sicherheit ist heute so stark bedroht wie seit dem Ende des Kalten Krieges nicht mehr", heißt es im Koalitionsvertrag. Schnellere Beschaffungen und langfristige Rüstungsinvestitionen sollen die Einsatzbereitschaft der Bundeswehr schnell, nachdrücklich und nachhaltig erhöhen. Eine sicher unausweichliche Aufgabe. Statt die Wehrpflicht wieder einzuführen, will man die Militär-Karriere attraktiver machen und weiter auf Freiwilligkeit setzten. Ob das den Personalmangel spürbar reduzieren wird, bleibt fraglich.

Aus sozialdemokratischer Sicht gibt es einige Vereinbarungen, die besonderer Beachtung bedürfen:

Die Steuer- und Einkommenspolitik

Die Einkommensteuer soll für kleine und mittlere Einkommen ab Mitte der Legislatur gesenkt werden, außerdem soll der Steuertarif später greifen und flacher verlaufen. Das entlastet alle Steuerzahler. Ab 2028 wird die Körperschaftssteuer in fünf Schritten jährlich um einen Prozentpunkt gesenkt, Abschreibungen erleichtert und energieintensive Unternehmen sollen mit einem Industriestrompreis entlastet werden.

Klimaschutz

Zur Klimapolitik nachstehend die erste Stellungnahme des BUND, die ich durchaus ernst nehme:

„Union und SPD haben einen Hochrisiko-Vertrag für das Klima und den Naturschutz abgeschlossen. In vielen Bereichen ist ein Rückschlag zu befürchten. Verantwortung für Deutschland heißt, den Kurs klar auf den Schutz von Klima und Natur zu setzen. Die neue Regierung aber will zentrale Errungenschaften aushöhlen und rückabwickeln.

Die Koalition plant etwa, die Klimaziele durch Anrechnung fragwürdiger Projekte zur Emissionsreduktion im Ausland aufzuweichen. Zudem setzt sie stark auf die CO_2-Abscheidung und -lagerung, sogar im Stromsektor. Das zentrale Gesetz für die Wärmewende soll abgeschafft werden und es bleibt offen, was die schwarz-rote Alternative sein soll.

Mit der Ankündigung, die Öffentlichkeitsbeteiligung, Umweltinformations- und Verbandsklagerechte einzuschränken, legt die neue Bundesregierung die Axt an wichtige demokratische Grundfeste und beschneidet demokratische Mitwirkungsrechte. In Verbindung mit den angekündigten Einschnitten im Artenschutz und der Ausgleichsregelung für Naturzerstörung entsteht so eine explosive Mischung.

Ein wichtiges Signal für den Naturschutz sind die Fortführung des Aktionsprogramms Natürlicher Klimaschutz, der Moorschutz und der Erhalt des Grünen Bandes. Auch die vorläufige Fortführung des Deutschlandtickets bewerten wir positiv."

Das Bürgergeld

Das Bürgergeld soll durch die Grundsicherung für Arbeitssuchende ersetzt werden. Dies werde geleitet vom Grundsatz „Fördern und Fordern". Entscheidender Punkt sind die Streichungen der Grundsicherung für sogenannte „Arbeitsverweigerer". Bedeutet: Wer arbeiten kann, aber wiederholt zumutbare Arbeit verweigert, soll kein Geld mehr erhalten. Auch allgemein sollen Jobcenter Sanktionen „schneller, einfacher und unbürokratischer" verhängen können. Es gilt abzuwarten, was diese Koalitionsvereinbarung in der Praxis für Auswirkungen haben wird und ob bei Leistungseinschränkungen das Gebot der Verhältnismäßigkeit sorgfältig beachtet wird. Hier könnte es zu Härten kommen, die Sozialdemokraten nicht mittragen können.

Zur Atomenergie findet sich kein Wort im Koalitionsvertrag. Da bleibt alles, wie es ist. Der Mindestlohn wird erhöht. Der Soli bleibt. Aber: Zur Vermögens- und Erbschaftssteuer kein Wort. Hier haben sich CDU/CSU durchgesetzt. Die Reichen sollen reich bleiben.

Fazit

Zu den erklärten Gegnern des Koalitionsvertrags gehört Orkan Özdemir, integrationspolitischer Sprecher der SPD-Fraktion, der sich öffentlich dagegen positioniert hat: „Ich werbe nicht für ein Nein aus Prinzip, sondern aus inhaltlicher Überzeugung", begründete er seine Haltung. Im Koalitionsvertrag bleibe soziale Gerechtigkeit unterbelichtet, klimapolitisch fehle der Wille zur echten Transformation. Fehlende Aussagen zum Demokratiefördergesetz seien ein politisches Alarmsignal, so der SPD-Abgeordnete.

Sicher: Aus Sicht der SPD gibt es viele Kompromisse, die schwerfallen. Das aber ist das Wesen des Kompromisses. Der Koalitionsvertrag enthält einige gemeinsame Planungen, die durchaus optimistisch machen. Das größte Problem sind aus meiner Sicht die Herren Merz und Dobrindt selbst. Die SPD-Mitglieder haben sich mit 84,6 % für den Koalitionsvertrag entschieden, bei CDU und CSU war das Votum einstimmig.

Das ungewollte Bündnis ist jetzt zum Erfolg verdammt. Wünschen wir den Koalitionären eine glückliche Hand. Wünschen wir unserer Demokratie, dass die Koalition Erfolg hat, damit AfD und andere Radikale keine Chance mehr haben.

Und ich verweise nochmals auf meine Hinweise zur erforderlichen Kommunikation. Es muss eine voneinander getrennte Kommunikation zwischen SPD-Minister/innen und der Partei geben, vor allem dann, wenn Maßnahmen beschlossen werden, die sozialdemokratischer Politik und ihren Werten widersprechen. **Es wird, wie in allen sog. Großen Koalitionen, viele – auch faule – Kompromisse geben. Die Parteiführung, die hoffentlich auch personell in der Spitze keine Regierungsverantwortung mitträgt, muss stets öffentlich machen, wie eine Entscheidung ausgesehen hätte, wenn die SPD allein regierte. Wenn die Atmosphäre in der Regierung über die Interessen der Partei gestellt werden, geht das wieder zu Lasten unserer Glaubwürdigkeit, wie in den „Großen Koalitionen" zuvor. Wir sind nicht umsonst bei 16 %. Im Übrigen ist das eine der bedeutenden Aufgaben eines Generalsekretärs.**

Und ich betone nochmals, dass sich die Kommunikation der SPD deutlich verbessern muss. Sie muss mit ihren Stellungnahmen die sozialen Medien **dominieren**. Und sie muss **sehr viel narrativer**, also mit Geschichten, kommunizieren.

Menschen erinnern, konstruieren und antizipieren in Narrativen. Unabhängig von der Darstellungsform sind Geschichten allgegenwärtig und begleiten Menschen von Geburt an. (...) Die Sozialisation des Menschen als Prozess zur Entwicklung der Persönlichkeit und Integration in das Umfeld ist im Wesentlichen durch Narrative bedingt. Geschichten verbreiten sich wie Epidemien von einer Person zur nächsten, und Begriffe wie „viral gehen" und „trending now" charakterisieren den ansteigenden Verlauf der Infektionskurve. Tatsächlich mochten die Menschen schon immer amüsante Geschichten und verbreiteten Storys, von denen sie vermuteten, dass sie nicht stimmten. Denken wir an die größte Geschichte der Menschheit, die Bibel, deren Geschichten noch heute Millionen Menschen in aller Welt bewegen.

Geschichten sind stets mehrdeutig, d.h. sie beziehen die Zuhörer mit ein und regen dazu an, selbst eine Bewertung vorzunehmen. Daraus entsteht ein facettenreiches Wechselspiel von ineinander verflochtenen Erzählungen, aus dem individuelle und kollektive Identitäten hervorgehen. Bei der Verarbeitung im Gehirn aktivieren Geschichten komplexe neuronale Prozesse, die eine stärkere emotionale Reaktion hervorrufen als ein bloßer Datensatz. So können die Inhalte schneller übertragen werden und sind für die Rezipienten leichter zu merken. Menschen hören Statistiken, aber fühlen Geschichten: Rezipienten einer Geschichte können die darin vermittelten Informationen in virtuelle Erfahrungen verwandeln.

Eine Studie des Stanford-Professors Chip Heath fand heraus, dass sich 63% der Teilnehmenden an Geschichten erinnern konnten, während sich eine Statistik nur von 5% gemerkt wurde. Darum verwenden wir unsere Geschichte auf allen digitalen und analogen Medien, die wir nutzen. Je häufiger die Geschichte wiederholt und so penetriert wird, um so eingängiger ist sie. Jede Geschichte will auch in Bewegtbildern erzählt werden. Ein humorvolles oder bewegendes Video kann sich im Netz sehr schnell verbreiten.

Die traditionellen Führungsansprüche von Politik und Medien, werden heute immer weniger akzeptiert. Hinzu kommt, dass die politischen Sachverhalte aufgrund der Globalisierung und Technisierung von Problemen immer komplexer werden. Die Zusammenhänge von Pandemie, Klimawandel und Folgen des Krieges in Europa zum Beispiel sind für den politischen Laien nicht mehr zu durchdringen. Darüber hinaus darf heute jede und jeder Dummbatzen Meldungen posten, die gerade über die sogenannten sozialen Medien auch zu viele Menschen erreichen. Auch unsere Aufmerksamkeit wird von unsystematischen Reaktionen auf Hörensagen gelenkt. Selbst Fiktion und Fake News machen Geschichten nicht selten beeindruckender. Tatsächlich mochten die Menschen schon immer amüsante Geschichten und verbreiteten Storys, von denen sie vermuteten, dass sie nicht stimmten. Denken wir an die größte Geschichte der Menschheit, die Bibel, deren Geschichten noch heute Millionen Menschen in aller Welt bewegen.

Leitlinien für die neue SPD als Zukunftspartei

1. Die Vision der SPD muss die humane Gesellschaft sein. In der humanen Gesellschaft ist das Geben, das WIR das entscheidende Kriterium für den persönlichen Erfolg und das damit verbundene Ansehen.

2. Zum WIR in der Politik gehört, wieder auf die Bürgerinnen und Bürger als Partei zuzugehen. Es geht den Menschen um Orientierung in einer immer komplexer werdenden Welt, die aus den Fugen zu geraten scheint. Da gibt es keine fertigen Lösungen. Es geht immer mehr darum, mit den Menschen zusammen Prozesse in Gang zu bringen, mit denen sie sich identifizieren können. Die SPD muss daher eine Fülle von Veranstaltungen real und im Netz anbieten, in denen sich Funktionäre mit Bürgerinnen und Bürgern austauschen und so vermitteln, dass von der SPD nicht über ihre Köpfe hinweg entschieden wird. Das könnte eine regelmäßige digitale Abstimmung über anstehende politische Entscheidungen sein auf einem dafür eingerichteten Portal – dem SPD-Mitbestimmungsportal oder dem SPD-Politik-Beratungsportal. Wir müssen wieder eine „Partei des Zuhörens" werden.

3. Eine ausgeglichene Vermögensverteilung wirkt den Ungerechtigkeiten entgegen, unterstützt die soziale Sicherheit und ermöglicht den Aufbau eigenen Vermögens für junge Menschen. Nur eine ausgeglichene Vermögensverteilung sichert die Identifikation der Bevölkerung mit dem demokratischen Staat.
   In diesem Zusammenhang muss die SPD unserer Verfassung und dem Bundesverfassungsgericht folgen: Eigentum verpflichtet und aus dem Recht auf Eigentum kann kein Recht auf größtmögliche Rendite abgeleitet werden. Dazu gehören eine

andere Erbschaftsteuerregelung, wie Mietobergrenzen und vielleicht auch Überlegungen, eine Art „Grunderbe" einzuführen, das zu einem bestimmten Lebensalter an jede Bürgerin und jeden Bürger ausgezahlt wird, wie es der französische Star-Ökonom Thomas Piketty ins Gespräch gebracht hat.

4. Die Chancengleichheit in unserem Land muss endlich realisiert werden. Junge Benachteiligte müssen von Ausbildungspaten betreut werden.

   Ausbildungspaten habe ich während meiner Zeit als Abgeordneter in meinem Wahlkreis in Kiel eingeführt. Ich habe SPD-Mitglieder angesprochen, die über Erfahrungen mit Auszubildenden und entsprechende Kontakte verfügen. Sie übernahmen dann jeweils eine/n Auszubildende/n, der/die aufgrund seines /ihres sozialen Status keinen Ausbildungsplatz gefunden hatten, sprachen mit Ausbildungsbetrieben, vermittelten Ausbildungsplätze und sprachen während der Ausbildungszeit mit den Auszubilden, aber auch mit den Ausbildern. Alle von uns damals von Ausbildungspaten betreuten Jugendlichen absolvierten erfolgreich eine Ausbildung. Das Projekt wurde von der Regionalpresse begleitet und führte zu hoher Akzeptanz bei den Wählerinnen und Wählern.

5. Die sich vertiefende Spaltung zwischen West- und Ostdeutschland muss massiv bekämpft werden. Es muss vor allem gelingen, die Bevölkerungsentwicklung in den neuen Bundesländern zu aktivieren: junge, gut ausgebildete und vor allem weibliche Menschen müssen den Weg nach Ostdeutschland finden. Die Mischung aus Überalterung und Perspektivlosigkeit bildet die Grundlage für die Erfolge der Populisten.

6. Zur humanen Gesellschaft gehört die Wertschätzung behinderter Menschen und ihrer Bildungsmöglichkeiten.

7. Die Marktwirtschaft muss wieder sozial werden. Sie verbindet die Prinzipien Wettbewerb, Eigentum, Stabiles Geld, Haftung und Solidarität. Aber die an konstruierten und gewohnten „Gesetzmäßigkeiten" ausgerichtete Kollaboration von exekuti-

ver Politik und den sogenannten systemimmanenten Großunternehmen verhindert den überfälligen Wandel.

8. Der Mindestlohn ist ein guter Weg zurück in die soziale Marktwirtschaft.

9. Das Geld ist als Exzess zum System verkommen, das grenzenlose geldwirtschaftliche Wachstum ist das Ziel. „Es wäre schon sehr beruhigend, wenn nach den jüngsten Erfahrungen der angelsächsisch geprägte Raubtierkapitalismus gebändigt werden könnte; wenn die Geldwirtschaft wieder zum Diener der Realwirtschaft gemacht würde." [57]

10. Die irdische Biosphäre ist in die Reichweite des menschlichen Vernichtungspotentials gerückt. Für Sozialdemokraten gilt: Das qualitative Wachstum und nicht die Kostenminimierung, schon gar nicht die Lohnkosten, muss für Sozialdemokraten der Antrieb der Ökonomie werden.

11. Unsere imperiale Lebensweise muss ein Ende finden. Damit ist gemeint, dass in unseren Smartphones afrikanische Rohstoffe sind, die unter menschenunwürdigen Arbeitsbedingungen gefördert werden, tropische Früchte für Europa, deren Anbau in den Heimatländern das natürliche Gleichgewicht zerstört oder auch die Gewöhnung an Hemden aus Billiglohnländern.

12. Der SPD muss es gelingen, die Start-up-Szene für sich zu gewinnen. Mit Hilfe dieser jungen kreativen Unternehmer/innen kann deutlich werden, dass möglich ist, nachhaltig erfolgreich zu wirtschaften.

13. Darüber hinaus müssen technologische Möglichkeiten der Bekämpfung des Klimawandels gefördert werden.

14. Die SPD bleibt bei ihrem NEIN zur Atomkraft. Die Gefahren und Belastungen sind inhuman.

15. Menschlichkeit setzt die Hilfe Verfolgter voraus. Jede unge-

---

57 https://www.spiegel.de/geschichte/finanzsystem-a-948439.html

rechtfertigte Ausnutzung der Hilfen muss jedoch unterbunden bzw. geahndet werden.

16. Digitalität und Künstliche Intelligenz müssen den Menschen dienen. Negativen Auswirkungen für die Allgemeinheit müssen gesetzliche Grenzen gesetzt werden. Neuen Ausbeutungstatbeständen im Arbeitsalltag muss Einhalt geboten werden.

17. Die SPD muss Möglichkeiten einer geopolitischen Neuausrichtung ausloten. Die Abhängigkeiten von den USA müssen verringert werden. Die Internetintermediäre, wie Google, Amazon & Co., sind keine bloßen Marktteilnehmer, sondern sie bestimmen inzwischen die Funktionsweise der Märkte. Wird ihnen nicht Einhalt geboten, werden sie die Herrscher des 21. Jahrhunderts.

18. Alle Menschen in unserem Land leiden unter einer überbordenden Bürokratie. Die neue SPD muss für Entbürokratisierung stehen.

19. Die SPD muss Initiator für eine Demokratisierung der EU werden. Dazu gehören mehr Rechte für das Europäische Parlament, eine demokratische und gleiche Wahlordnung und die Abschaffung der Einstimmigkeit in wesentlichen Fragen. Ein Mitgliedsland, das nicht zur Rechtsstaatlichkeit steht, muss die EU verlassen.

20. Bildung und Wissenschaft sind die Grundvoraussetzung für den Erhalt unseres Wohlstands in einer Welt, die in kurzen Intervallen immer neue technologische Herausforderungen zu bewältigen hat. Die Erhöhung der Grundfinanzierung der Hochschulen ist der Dreh- und Angelpunkt für die Zukunftsfähigkeit des deutschen Wissenschaftssystems. Das Unwesen mit befristeten Stellen muss ein Ende finden. Die Situation der MINT-Fächer (Mathematik, Informatik, Naturwissenschaft und Technik) ist von einem Rückgang der Studienanfängerzahlen geprägt, einem geringen Frauenanteil und einem Fachkräftemangel. Das muss sich ändern. Die akademische Weiterbildung wird künftig eine immer grö-

ßere Rolle spielen und kann zu einer eigenen Einnahme-quelle der Hochschulen werden.

(Ich empfehle hierzu die wegweisende Lektüre https://library.fes.de/pdf-files/studienfoerderung/10746.pdf.)

21. Antifaschismus muss explizit als Bildungsziel in den Schulgeset-zen der Länder verankert werden. Der allemal erforderliche Ein-satz von digitalen Arbeitsmitteln muss in Verbindung mit päd-agogischen Konzepten erfolgen. Für eine entsprechende Qua-lifizierung der Lehrkräfte ist Sorge zu tragen.

(Für weitere Leitlinien in Sachen Bildung empfehle ich das Buch von Michael Fröhlich (2023): Unterricht zwischen Digita-lisierung, Effizienz und kritischem Denken, Verlag Budrich Op-laden)

22. Der Lobbyismus muss noch mehr in seine Schranken verwie-sen werden, Whistleblower brauchen unsere Unterstützung, um strafbare und inhumane Praktiken aufzudecken.

23. Die SPD braucht als Vorsitzende und Generalsekretär/in jün-gere Repräsentanten mit positiver Ausstrahlung, die vor allem nicht schon zuvor oder aktuell in die Parteiführung und das Regierungsgeschehen eingebunden waren oder sind, um ei-nen Neuanfang glaubhaft darstellen zu können. Unsere Spit-zenkräfte müssen emotionale Zuversicht ausstrahlen.

24. Die SPD muss unabhängig von den politischen Kompromissen in der Koalitionsregierung mit diesem Merz-/Söder-Einfluss ein klares politisches Eigenleben entwickeln, eine Vision for-mulieren und jeweils deutlich machen, für welche Ziele eine SPD-Mehrheitsregierung stehen und wessen Interessen sie vertreten würde. So muss deutlich werden, was Merz und die CSU aus welchen Gründen verhindern.

25. Die SPD muss sehr viel mehr narrativ kommunizieren, um möglichst viele Menschen mit ihren Botschaften zu erreichen. Die Menschen lesen keine Parteiprogramme mehr. Die Mei-nungsbildung findet heute vor allem in den sozialen Medien statt. Hier braucht es eine dominante Präsenz der SPD. Auch

hier ist das Storytelling die geeignete Kommunikationsform. Geschichten sind mehrdeutig, d.h. sie beziehen die Leser/innen, Hörer/innen und Zuschauer/innen mit ein und regen dazu an, selbst eine Bewertung vorzunehmen. Bei der Verarbeitung im Gehirn aktivieren Geschichten komplexe neuronale Prozesse, um eine deutlich stärkere emotionale Reaktion hervorzurufen als bei einem Datensatz.

26. Diese Leitlinien müssen nicht nur theoretisch die SPD-Politik ausmachen, sie müssen tagtäglich das Geschehen bestimmen und öffentlich penetriert werden.

Literaturhinweise

Berger, Axel (2019): Globale Wertschöpfung, globale Verantwortung? Nachhaltigkeit in globalen Wertschöpfungsketten, Konrad-Adenauer-Stiftung Berlin

Bemmann, Martin; Metzger, Birgit; von Detten, Roderich (2014): Einleitung in: Dies (Hrsg.) Ökologische Modernisierung. Zur Geschichte und Gegenwart eines Konzeptes in Umweltpolitik und Sozialwissenschaften, Campus Frankfurt/Main

Blum, William (6. Auflage 2016): Killing Hope. Zerstörung der Hoffnung, Zambon Verlag Frankfurt/Main

Brand, Ulrich; Wissen, Markus (2017): Imperiale Lebensweise. Zur Ausbeutung von Mensch und Natur im globalen Kapitalismus, oekom Verlag München

Deutscher Ethikrat (2023): Mensch und Maschine – Herausforderung durch Künstliche Intelligenz, Stellungnahme Kurzfassung, Randziffer 63

Dienel, Christiane Hrsg. (2008): Abwanderung, Geburtenrückgang und regionale Entwicklung. Ursachen des Bevölkerungsrückgangs in Ostdeutschland, Verlag für Sozialwissenschaften Wiesbaden

Eibenstein, Felix; Buchner, Dennis; Ismar, Georg; Pirker, Daniel-David (2017): Die Zukunft der SPD. Erfolge und Misserfolge einer Volkspartei, Science Factory

Grober, Ulrich (2013): Die Entdeckung der Nachhaltigkeit. Kulturgeschichte eines Begriffs, Kunstmann München

Hennis, Wilhelm; Graf Kielmannseck; Matz, Ulrich Hrsg., (1977): Regierbarkeit, Studien zu ihrer Problematisierung, Band 2, Klett-Cotta Stuttgart

Huber, Joseph (2011): Allgemeine Umweltsoziologie. Verlag für Sozialwissenschaften Wiesbaden

Huggenberger, Bernd; Hansen, Klaus Hrsg. (1993): Die Mitte. Westdeutscher Verlag Opladen

Krüger, Timmo (2014): Das Hegemonieprojekt der ökologischen Modernisierung und antagonistischen Artikulationen in der internationalen Klimapolitik in: Bemmann et al.

Lenk, Kurt (2009): Vom Mythos der politischen Mitte in: http://www.bpb.de/apuz/31749/vom-mythos-der-politischen-mitte?p=all

Lietaer, Bernard A. (3. Auflage 2002): Das Geld der Zukunft. Über die zerstörerische Wirkung unseres Geldsystems und alternativen hierzu, Riemann Verlag München

Lissmann, Konrad Paul (2006): Theorie der Unbildung. Die Irrtümer der Wissensgesellschaft, Büchergilde Gutenberg Frankfurt/Main

Meyer, Thomas (2007): Nachzügler Deutschland – der fehlende Diskurs über die Neuausrichtung des Sozialstaats

Mouffe, Chantal (2008): Das demokratische Paradox. Verlag Turia + Kant Wien, Berlin

Müller, Klaus-Dieter (2023): Innovativ, Selbständig, Sozialdemokratisch. Unser Weg in eine gerechte Wirtschaftsordnung, Dietz Verlag Bonn, Berlin

Müller, Klaus-Dieter (2024): So geht es nicht weiter mit Deutschland. 95 Thesen auf dem Weg zur humanen Gesellschaft, Lutherische Verlagsgesellschaft Kiel

Münkler, Herfried (2010): Mitte und Maß. Der Kampf um die richtige Ordnung, Rowohlt Verlag Reinbek bei Hamburg

Nida-Rümelin, Julian (2019): Perspektiven des Humanismus. Wie wir unsere digitale Zukunft gestalten, Buch zum Video-Seminar, ZEIT Akademie GmbH Hamburg

Palmer, Matthias Alexander (2019): Corporate Social Responsibility. Motivation und Berichtsinstrumente der Unternehmensverantwortung, Verlag Dr. Kovac Hamburg

Pasquale, Frank (2018): Digitaler Kapitalismus. Wie zähmen wir die Tech-Giganten? In: WISO direkt, 05/2018, Friedrich Ebert Stiftung

Schneidewind, Uwe (2018): Die große Transformation. Eine Einführung in die Kunst des gesellschaftlichen Wandels, Fischer TB Frankfurt/Main

Serres, Michel (2002): Der Mensch ohne Fähigkeiten. Über die neuen Technologien und die Ökonomie des Vergessens, in: Transit Nr. 22

Sikora, Joachim (2004): Von der gesellschaftlichen Vision zur politischen Programmatik, Verlag Erzdiözese Köln

Strasser, Johano (1986): Sicherheit als destruktives Ideal, in: Psychologie heute, Heft Mai 1986

Volk, Rebecca (2019): Betriebswirtschaft/Nachhaltigkeitsmanagement in: Ursula Kluwick: Nachhaltigkeit interdisziplinär. Konzepte, Diskurse, Praktiken, Böhlau Köln

von Arnim, Hans Herbert (3. Auflage 2008): Die Deutschlandakte, C. Bertelsmann Verlag München

Weber, Max (5. Auflage 1972): Wirtschaft und Gesellschaft, herausgegeben von J. Winckelmann, J.C.B. Mohr Tübingen

Wewer, Göttrik (2004): Open Government, Staat und Demokratie. Aufsätze zu Transparenz, Partizipation und Kollaboration, edition sigma Berlin

Wright, Erik Olin (2017): Reale Utopien. Wege aus dem Kapitalismus, Suhrkamp Berlin

Zürn. Michael zitiert Robert Dahl in: Liberale Eliten als Hassobjekt. Der Tagesspiegel vom 21.10.2024

http://www.bpb.de/nachschlagen/lexika/handwoerterbuch-politisches-system

http://www.bpb.de/apuz/31749/vom-mythos-derr-politischen-mitte?p=all

https://de.statista.com/statistik/daten/studie/28347/umfrage/zuwanderung-nach-deutschland/

https://www.destatis.de/DE/Themen/Gesellschaft-Umwelt/Bevoelkerung/Wanderungen/Wanderungsueberschuss.html

https://www.eib.org/de/essays/vision-and-path

https://www.fes.de/finanzpolitik/erben-verpflichtet-erbschaftsteueruhr

https://mediendienst-integration.de/en/integration/arbeitsmarkt.html

www.netzeundnetzwerke.de/files/boehme_netzwerke.pdf

https://germany.representation.ec.europa.eu/news/mythos-die-eu-hat-ein-demokratiedefizit-2019-05-09_de.

https://www.umweltbundesamt.de/daten/private-haushalte-konsum/konsum-produkte/gruene-produkte-marktzahlen/marktdaten-bereich-finanzen#grune-bzw-nachhaltige-geldanlagen

https://www.spiegel.de/politik/deutschland/cdu-will-rechte-des-bundesverfassungsgerichts-beschränken-a-962804.html

http://www.sueddeutsche.de/digital/die-macht-von-google-und-facebook-software-frisst-die-welt

https://www.zukunftsinstitut.de/zukunftsthemen/bildung-im-zeitalter-der-wissensexplosion?utm_term=&utm_campaign=Brand+%7C+Studien+(Search)&utm_source=adwords&utm_medium=ppc&hsa_acc=9538789204&hsa_cam=15972226977&hsa_grp=134191746644&hsa_ad=5764589540099&hsa_src=g&hsa_tgt=dsa-1597007813453&hsa_kw=&hsa_mt=&hsa_net=adwords&hsa_ver=3&gad_source=1&gclid=Cj0KCQjwnui_BhDlARIsAEo9GuszfAw-5tmo5W5H2576ye3vpjjS_vezT1BDnPIbz08zpYWIfYmBc07caArYUE-ALw_wcB

Der Autor

Lebenslauf

Prof. Dr. Klaus-Dieter Müller

Dr. Klaus-Dieter Müller, 1951 in Schleswig-Holstein geboren,

Abitur an der Immanuel-Kant-Schule in Neumünster/Holstein,

1969 Mitglied der SPD, mit 23 Jahren Ratsherr der Stadt Neumünster,

ab 1971 Studium der Rechts- und Politischen Wissenschaften an der Universität Hamburg, Abschluss als Diplom-Politologe,

Dr. phil., verliehen mit „magna cum laude" von der Fakultät Wirtschafts- und Sozialwissenschaften der Universität Hamburg,

1996 bis 2005 Abgeordneter des Schleswig-Holsteinischen Landtags, Wirtschafts-, technologie- und verkehrspolitischer Sprecher der SPD-Fraktion, Stiftungsrat der Technologiestiftung des Landes Schleswig-Holstein,

Professor für Medienpolitik und Entrepreneurship an der Filmuniversität Babelsberg von 2004 - 2019.

2010-2015 Vorsitzender des BIEM Brandenburgisches Institut für Entrepreneurship und Mittelstandsförderung e. V., dem Verbund der Lehrstühle und Gründungseinrichtungen aller Hochschulen und Universitäten des Landes Brandenburg,

Medienunternehmer (DMD Deutsche Mediendienst GmbH, MPM Media Projekt-Management GmbH), Coach und Senior Consultant, Autor, Maler und Lyriker. Seit Januar 2020 ist Müller als politischer Kommentator für den Sender Radio Paradiso in Berlin tätig.

Klaus-Dieter Müller hat zwei Töchter, zwei Enkelkinder, einen Urenkel, lebt und arbeitet in Berlin.

Veröffentlichungen seit 2007

Klaus-Dieter Müller, WWW.INTERNET-ABGEORDNETE.DE, Die digitale Welt und das Rollenverständnis von Abgeordneten. VISTAS Verlag, Berlin 2007, ISBN 978-3-89158-446-0.

Klaus-Dieter Müller: Vorwort. In: Peter Sloterdijk: Theory of the Post-War Periods, Observations on Franco-German Relations since 1945. Springer, Wien/ New York/ Wien 2009, ISBN 978-3-211-79913-0.

Klaus-Dieter Müller (Hrsg.): Edition Zukunft der Medien. Band 1: Dana Mietzner, Martin Kamprath, Dieter Wagner: Zukunftsperspektiven und Kompetenzentwicklungen in der Medienbranche. Eine Szenarioanalyse. bfv babelsberg filmverlag, Potsdam 2010, ISBN 978-3-9813432-2-9.

Dieter Wiedemann, Klaus-Dieter Müller (Hrsg.): Book of Fame, 55 Jahre HFF Hochschule für Film und Fernsehen „Konrad Wolf" Potsdam-Babelsberg. bfv babelsberg filmverlag, Potsdam 2010, ISBN 978-3-9813432-0-5.

Klaus-Dieter Müller, Wolfgang Flieger, Jörn Krug: Beratung und Coaching in der Kreativwirtschaft. Kohlhammer Verlag, Stuttgart 2011, ISBN 978-3-17-021117-9.

Klaus-Dieter Müller, Christoph Diensberg (Hrsg.): Methoden und Qualität in Gründungslehre, Gründungscoaching und Gründungsberatung, Interventionen und Innovationen. EUL Verlag, Köln 2011, ISBN 978-3-8441-0093-8.

Klaus-Dieter Müller, Cord Siemon: Gründungsnetzwerke: Ein organisationaler Rettungsanker zur Vitalisierung des Gründungsgeschehens. In: Der Network-Guide. Januar 2012, S. 52–62.

Klaus-Dieter Müller: Wissenschaft in der digitalen Revolution. Klimakommunikation 21.0. Springer VS, Wiesbaden 2013, ISBN 978-3-658-00880-2.

Klaus-Dieter Müller: Erfolgreich Denken und Arbeiten in Netzwerken – Networking als Kulturtechnik. Springer VS, Wiesbaden 2013, ISBN 978-3-658-02108-5.

Klaus-Dieter Müller, Cord Siemon: Methoden für die Gründungs-qualifizierung. Update International: Bewährtes und Neues. tredition, Hamburg 2016, ISBN 978-3-7345-1865-2.

Klaus-Dieter Müller: Das iPhone und der liebe Gott, Sinnlose Zeit besiegen im Zeitalter grenzenloser Kommunikation. Wilhelm Fink Verlag, Paderborn 2016, ISBN 978-3-7705-6053-0.

Christoph Hilger, Klaus-Dieter Müller: Reiseland Ich – Wege zur besseren Selbstführung. tredition, Hamburg 2016, ISBN 978-3-7345-5741-5.

Klaus-Dieter Müller: Neues aus dem Schlaraffenland, Essays, Gedichte und Bilder. tredition, Hamburg 2016, ISBN 978-3-7345-7150-3.

Klaus-Dieter Müller: Die Narration im Innovationsmanagement. In: C Mieke; Siemon, C. (Hrsg.): Gründung und Innovation. Logos Verlag, Berlin 2017, ISBN 978-3-8325-4430-0, S. 187–220.

Klaus-Dieter Müller: Wider den Stillstand. Plädoyer für einen Aufbruch in Politik und Gesellschaft. be.bra verlag, Berlin 2019, ISBN 978-3-86124-724-1.

Klaus-Dieter Müller: Die Christen und der Populismus. Christliche Werte und die digitalen Medien. Lutherische Verlagsgesellschaft, Kiel 2020, ISBN 978-3-87503-248-2.

Klaus-Dieter Müller: Licht und Schatten. Gedichte, Photokult Verlag Berlin 2020, ISBN 978-3-00-065439-8.

Müller, Klaus-Dieter, Siemon, Cord: Wallner, Regina (Hrsg.): Nachhaltigkeit und Gründung im 21. Jahrhundert, Kohlhammer-Verlag, Stuttgart 2021, ISBN 978-3-17-040664-3.

Müller, Klaus-Dieter (2021): Mit der Liebe kommt die Angst. Eine autobiografische Reise durch das Leben im Zuviel auf der Suche nach Sinn, Photokult-Verlag Berlin, ISBN 978-3-75-490112-0

Müller, Klaus-Dieter (2021): Auswege in die Zukunft. Sind wir noch zu retten? Essay, epubli Berlin, ISBN 978-3-75-416910-0

Müller, Klaus-Dieter; Siemon, Cord; Wallner, Regina (Herausgeber 2022): Nachhaltigkeit und Gründung. Start-ups als Agenten der kulturellen Transformation, Kohlhammer Stuttgart

Klaus-Dieter Müller: Gott und das ewige Leben. Wahrheit oder Fake? Epubli, Berlin 2022, ISBN 978-3-7565-2699-4.

Klaus-Dieter Müller: Innovativ, selbständig, sozialdemokratisch. 70 Jahre Arbeitsgemeinschaft Selbständige in der SPD (AGS). Dietz Verlag Bonn, Berlin 2023, ISBN 978-3-8012-0663-5.

Klaus-Dieter Müller: Schwarzbuch CDU/CSU. Verlag Neues Wissen, Berlin 2023, ISBN 978-3-7578-2303-0.

Klaus-Dieter Müller: Die AfD würde Deutschland ruinieren. Was die AfD fordert – und welche Folgen es hätte. Lutherische Verlagsgesellschaft, Kiel 2023, ISBN 978-3-87503-321-2.

Klaus-Dieter Müller: So geht es nicht weiter mit Deutschland. 95 Thesen auf dem Weg zur humanen Gesellschaft. Lutherische Verlagsgesellschaft, Kiel 2024, ISBN 978-3-87503-330-4.

Klaus-Dieter Müller & Cora Korte (2025): Was uns die Bibel noch zu sagen hat. Die schönsten Bibelstellen mit aktuellem Bezug in Wort und Bild, Lutherische Verlagsgesellschaft Kiel, ISBN 978-3-87503-340-3